普通高等院校经管类专业实训教材

应用统计学——SPSS 项目分析实践

主　编　于学文　杨　欣　张洪迎

副主编　孙珙娜　尤慧君　李　嵩　关英辉

参　编　徐佳澍　董鸿飞

北京理工大学出版社
BEIJING INSTITUTE OF TECHNOLOGY PRESS

内 容 简 介

本书侧重统计理论知识和方法的应用实践，内容涵盖了描述统计和推断统计。全书按照统计基础知识、统计调查、统计数据整理和分析的思路设计整体框架，包含导论、统计调查、统计数据整理与展示、描述性统计分析、参数估计、假设检验、列联分析、方差分析和相关与回归分析九个模块，每个模块在介绍知识要点的基础上，重点以案例形式详细介绍 SPSS27 统计软件的操作和运行结果的解读，并辅以习题巩固学习成果，提升应用技能。

本书可以作为应用统计学教材的配套用书(学生既可以学习统计软件的实操，也可以强化对应用统计学知识的理解)，还可以作为学习 SPSS 统计软件的入门参考书。

图书在版编目(CIP)数据

应用统计学：SPSS 项目分析实践/于学文，杨欣，张洪迎主编. --北京：北京理工大学出版社，2022.9(2022.10 重印)

ISBN 978-7-5763-1665-0

Ⅰ.①应… Ⅱ.①于… ②杨… ③张… Ⅲ.①应用统计学 Ⅳ.①C8

中国版本图书馆 CIP 数据核字(2022)第 160906 号

出版发行／北京理工大学出版社有限责任公司

社　　址／北京市海淀区中关村南大街 5 号

邮　　编／100081

电　　话／(010)68914775(总编室)
　　　　　　(010)82562903(教材售后服务热线)
　　　　　　(010)68944723(其他图书服务热线)

网　　址／http：//www.bitpress.com.cn

经　　销／全国各地新华书店

印　　刷／三河市天利华印刷装订有限公司

开　　本／787 毫米×1092 毫米　1/16

印　　张／11　　　　　　　　　　　　　　　　责任编辑／王晓莉

字　　数／259 千字　　　　　　　　　　　　　文案编辑／王晓莉

版　　次／2022 年 9 月第 1 版　2022 年 10 月第 2 次印刷　　责任校对／周瑞红

定　　价／29.80 元　　　　　　　　　　　　　责任印制／李志强

数字经济时代，大数据进入经济社会的各个角落，而作为大数据科学基础的统计学却少有人提起，似乎统计学即将被大数据替代。但事实上，大数据技术和人工智能越是发展，统计学越重要，缺少统计学理论的大数据分析是不科学的分析，而统计学的基础作用可确保人工智能行稳致远。大数据时代，统计学被赋予新的使命，统计理论与统计软件结合，可以快速完成大量的数据分析，高效完成复杂的数据处理工作。熟练掌握一款统计软件的操作与应用，分析和解释数据，成为经管类专业大学生的必备技能。SPSS 统计软件功能强大，操作简单，易学易用，为全球众多公司、高校所选择使用。本书以中文版 SPSS27 为例，选用大量项目案例，从实际应用入手，详细介绍软件操作方法，解读软件输出结果。

本书含有九个模块，分别为导论、统计调查、统计数据整理与展示、描述性统计分析、参数估计、假设检验、列联分析、方差分析和相关与回归分析。每个模块均含三大项内容，包括知识要点、实践案例、练习题及答案。本书以筑牢学生统计学理论基础和提升实践应用技能为目标，以 SPSS 软件在统计案例中的实际应用为主要内容，辅以大量练习题，重点培养学生统计分析的实践能力。它既适合 SPSS 统计分析初学者使用，也可作为本科学生学习应用统计学课程的参考书，强化学生对统计知识的理解，提升解题能力和软件应用能力。

本书由沈阳工学院于学文、张洪迎和沈阳农业大学杨欣任主编。沈阳工学院孙珙娜、尤慧君、李嵩、关英辉任副主编。参加编写的人员分工如下：模块一，于学文、尤慧君；模块二，董鸿飞；模块三，李嵩；模块四，徐佳澍；模块五，孙珙娜；模块六，于学文、张洪迎；模块七，关英辉、张洪迎；模块八，杨欣、于学文；模块九，于学文。

在本书编写过程中，编者参考了大量国内外统计学教材和相关书籍、文献，还得到了所在院校及有关部门的无私帮助，在此表示深深的谢意！

由于时间的关系和编者水平的限制，本书难免有不当之处，恳请广大读者批评指正。

编　者
2022 年 4 月 21 日

模块一 导 论

一、统计学基础知识要点

(一)学习目标

统计学是处理和分析数据的方法和技术，可以应用到所有学科的检验领域。本章介绍统计学最基本的问题，通过本章的学习，了解统计的含义、统计学的作用。

(1)理解统计的含义及其关系、统计学的特点和研究方法。

(2)了解统计学产生发展过程中的主要学派及其在统计学发展中的作用。

(3)理解总体、总体单位、样本等术语，了解总体的特点、总体和样本的关系。

(4)理解统计数据的计量尺度。

(5)了解统计学的应用领域。

(二)要点解析

1. 统计学的内涵

统计的核心词汇是"数据"，统计学是一门对客观事物总体数量特征和数量关系进行计量描述和分析推断的科学，包括数据收集、数据处理、数据分析、数据解释，以及从数据中提取结论。

2. 统计学的分类

统计学可以从不同的角度进行分类，常见的分类有两种：从研究内容来看，可以把统计学分为理论统计学和应用统计学；从研究方法来看，可以把统计学分为描述统计学和推断统计学。

描述统计学是研究如何客观、科学地对现象的数量特征进行计量、观测、概括和表达的方法论科学，是推断统计学的基础。

推断统计学是研究在一定的概率下，如何用样本资料去推断总体数量特征的方法论科学。

3. 统计数据的类型

按不同的分类标准，统计数据可分为以下不同的类型。

（1）分类数据是指反映事物类别的数据；顺序数据是只能归于某一有序类别的非数值型数据；数值型数据是按数字尺度测量的观察值，其结果表现为具体的数值。

（2）时间序列数据是指不同时期，同一个体的一个或多个统计指标所组成的数据集；截面数据是指由同一时间、不同个体的一个或多个统计指标所组成的数据集。

（3）观测数据是指通过观察、观测和调查收集到的数据；实验数据是通过实验，在实验中控制一个或多个变量，在有控制的条件下得到的数据。

4. 总体和总体单位(个体)

总体是在一定的研究目的下，所要研究事物的全体，它是由客观存在的、具有某种共同性质的众多个别事物构成的整体。构成总体的个体是总体单位，总体单位是所要研究具体问题的承担者。在统计调查中常常称总体为调查对象，称总体单位为调查单位。

5. 样本

样本有随机样本与非随机样本之分，在统计学中主要指随机样本。随机样本是按随机原则，从总体中抽出部分单位构成的整体。所谓随机原则，是指样本单位的抽取不受任何主观因素及其他系统性因素的影响，每个总体单位都有相等的机会被抽中。

一个样本单位必定是一个总体单位，样本是总体的代表，带来了总体的信息，与总体有同质的数量特征；样本具有随机性，而研究目的一经确定，总体就是唯一的。

6. 参数和统计量

参数是描述总体特征的概括性数字度量，是研究者想要了解的总体的某种特征值。统计研究通常用到的参数有总体平均数、总体标准差和总体比率等。

从样本推断总体通常是通过统计量进行的。统计量是用来描述样本特征的概括性数字度量，它是根据样本数据计算出的一个量。统计研究中常用的统计量有样本平均数、样本标准差和样本比率等。

7. 变量

在一项具体的统计活动中，我们会对总体中众多个体某一个或几个方面的属性感兴趣，这些属性称为变量。

可依据数据测量尺度的不同来划分变量类型。数据测量尺度包括定类尺度、定序尺度、定距尺度和定比尺度。

（1）定类尺度(Nominal)是按照某种属性对事物进行平行的分类，它是显示事物数量特征的最粗糙的一种尺度。用定类尺度测量所获得的数据只适用于是非判断运算(= 、≠)。

（2）定序尺度(Ordinal)可对事物类别间等级或顺序差别进行测度，它在显示事物数量特征方面要比定类尺度更详尽一些。用定序尺度测量所获得的数据不仅适用于是非判断运算，还适用于大小比较运算(> 、<)。

（3）定距尺度(Interval)可对事物类别或次序之间的差距进行测度，它在显示事物数量特征方面要比定序尺度更详尽一些。定距尺度测量所获得的数据不仅适用于是非判断运算、大小比较运算，还适用于加减运算(+ 、−)。

（4）定比尺度(Ratio)可对事物类别或次序之间的差距及差别程度进行测度，它在显示事物数量特征方面要比定距尺度更详尽一些。定比尺度测量所获得的数据不仅适用于是非判断运算、大小比较运算、加减运算，还适用于乘除运算(× 、÷)。

依据数据测量尺度的不同，可将变量划分为定类变量、定序变量、定距变量、定比变量。其中，定距变量和定比变量的数据直接表现为数字，而定类变量和定序变量的数据则不直接表现为数字。因此，实践中人们常把定距变量和定比变量统称为数值型变量，将定类变量和定序变量统称为品质型变量。

二、初识 SPSS

（一）SPSS 简介

统计要与大量的数据打交道，涉及十分繁杂的计算和图表绘制。现代的数据分析工作如果离开统计软件几乎是无法正常开展的。常见的统计软件有 SAS、SPSS、S-PLUS、Minitab、Excel 等。这些统计软件的功能和作用大同小异，各自有所侧重，有的比较专业，有的则比较通用。其中 SAS 与 SPSS 是目前在大型企业、各类院校以及科研机构中较为流行的统计软件。

SPSS（Statistical Product and Service Solutions）是一种"统计产品与服务解决方案"软件。最初软件全称为"社会科学统计软件包"（Statistical Package for the Social Sciences），但是随着 SPSS 产品服务领域的扩大和服务深度的增加，SPSS 公司于 2000 年正式将全称更改为"统计产品与服务解决方案"，这标志着 SPSS 的战略方向进行了重大调整。SPSS 是 IBM 公司推出的一系列用于统计学分析运算、数据挖掘、预测分析和决策支持任务的软件产品及相关服务的总称，有 Windows 和 Mac OS X 等版本。

1984 年 SPSS 总部首先推出了世界上第一个统计分析软件微机版本 SPSS/PC+，开创了 SPSS 微机系列产品的开发方向，极大地扩充了它的应用范围，并使其能应用于自然科学、技术科学、社会科学的各个领域。世界上许多有影响的报刊对 SPSS 的自动统计绘图、数据的深入分析、使用方便、功能齐全等给予了高度的评价。

（二）SPSS 的安装、启动和退出

1. 安装

作为 Windows 操作系统的应用软件产品，SPSS for Windows 安装的基本步骤与其他常用的软件基本相同。其具体步骤如下。

（1）启动计算机，将 SPSS 软件安装光盘插入光盘驱动器。

（2）运行资源管理器，双击光盘驱动器图标。

（3）在资源管理器目录窗口中找到 SPSS 的起始安装文件 setup 并执行。此时会看到 SPSS 安装的初始窗口，系统将自动进行安装前的准备工作。

（4）按照安装程序的提示，用户根据自己的需要填写和选择必要的参数。一般的选项包括以下内容。

①接受软件使用协议。

②指定将 SPSS 软件安装到计算机的某个目录下。

③选择安装类型。SPSS 有典型安装（Typical）、压缩安装（Compact）和用户自定义安装（Custom）3 种安装类型。一般选择典型安装。

④选择安装组件。SPSS 具有组合式软件的特征，在安装时用户可以根据自己的分析需要，选择部分模块安装。一般可接受安装程序的默认选择。

⑤选择将软件安装在网络服务器上还是本地计算机上。通常安装在本地计算机上。

⑥输入软件的合法序列号。在购买 SPSS 软件时厂商会提供序列号。

2. 启动

安装完毕后，应注意查看是否有安装成功的提示信息出现，以判断是否已经将 SPSS 成功地安装到计算机上。安装成功后就可以启动运行 SPSS for Windows 软件了。SPSS 有以下 3 种启动方法。

（1）由程序启动，步骤如下："开始"→"程序"→"SPSS for Windows"。

（2）双击 SPSS 图标启动。

（3）如果已经建立了 SPSS 数据集，可双击 SPSS 数据集图标启动。

SPSS 启动后，屏幕上将会出现显示版本的提示画面和文件选择对话框，并同时打开 SPSS 主窗口。

3. 退出

SPSS 有以下 3 种退出方法。

（1）双击主窗口左上角的窗口菜单控制图标。

（2）在主窗口中按下列步骤退出："文件"→"退出"。

（3）单击主窗口右上角关闭图标。

（三）SPSS 主要界面

SPSS 软件运行过程中会出现多个界面，各个界面用处不同。其中，最主要的界面有 3 个：数据浏览界面、变量浏览界面和结果输出界面。

1. 数据浏览界面

数据浏览界面是启动 SPSS，出现 SPSS 主窗口后的默认界面，主要由以下几个部分组成：标题栏、菜单栏、工具栏、编辑栏、变量名栏、内容栏、窗口切换标签、状态栏，如图 1-1 所示。

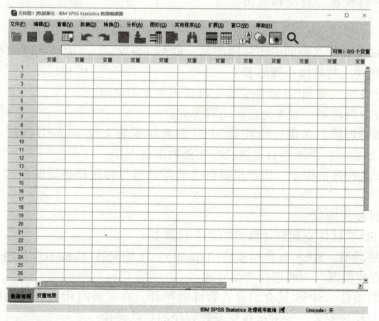

图 1-1　SPSS 数据浏览界面

（1）标题栏。标题栏显示数据编辑的数据文件名。

（2）菜单栏。菜单栏包括SPSS的11个命令菜单，每个菜单对应一组相应的功能。"文件"是文件的操作菜单；"编辑"是文件的编辑菜单；"查看"是用户界面设置菜单；"数据"是数据的建立与编辑菜单；"转换"是数据基本处理菜单；"分析"是统计分析菜单；"图形"是统计图形菜单，输出各种分析图形；"实用程序"是统计分析实用程序菜单；"扩展"是对实用程序进行扩展应用的菜单；"窗口"是窗口控制菜单；"帮助"是帮助菜单。

（3）工具栏。工具栏中列示了一些常用操作工具的快捷图标。操作者可以根据需要增减操作工具栏中的快捷图标，以使操作更为方便。

（4）编辑栏。编辑栏中可以输入数据，以使它显示在内容区指定的方格里。

（5）变量名栏。变量名栏列出了数据文件中所包含变量的名称。

（6）内容栏。内容栏列出了数据文件中的所有观测值。左边的序号列示了数据文件中的所有观测。观测的个数通常与样本容量的大小一致。

（7）窗口切换标签。窗口切换标签处有两个标签："数据视图"和"变量视图"，即数据浏览和变量浏览。"数据视图"对应的表格用于样本数据的查看、录入和修改。"变量视图"用于变量属性定义的输入与修改。

（8）状态栏。状态栏用于说明显示SPSS当前的运行状态。SPSS被打开时，将会显示"SPSS处理程序就绪"的提示信息。

2. 变量浏览界面

在SPSS主窗口中的数据浏览界面上单击左下角窗口切换标签中的"变量视图"，即可进入变量浏览界面，如图1-2所示。

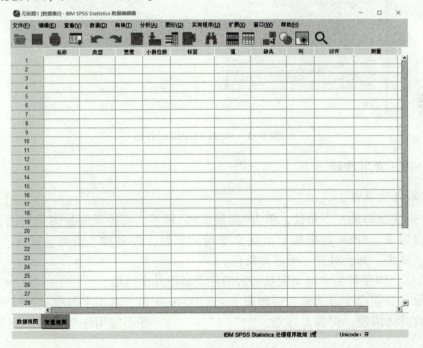

图1-2　SPSS变量浏览界面

在变量浏览界面中可对数据文件中的各个变量进行定义。建立数据集时，需要定义变量的11个属性。这11个属性分别是名称（Name）、类型（Type）、宽度（Width）、小数位数

（Decimals）、标签（Label）、值（Values）、缺失（Missing）、列（Columns）、对齐（Align）、测量（Measure）、角色（Role）。

3. 结果输出界面

结果输出界面是 SPSS 的另一个主要界面，该界面的主要功能是显示和管理 SPSS 统计分析的结果、报表及图形。结果输出界面主要由 4 个部分组成：菜单栏、工具栏、索引输出区和输出结果区，如图 1-3 所示。下面主要介绍索引输出区和输出结果区。

索引输出区用于显示已有分析结果的标题和内容索引，以简洁的方式反映和提示输出结果区的各项输出内容，以便于用户查找和操作。索引输出以一个索引树根结构显示，当需要查找输出结果时，只要单击索引树上相应的图表名称，该图表就会显示在窗口中。

输出结果区输出的是研究者所要得到的具体图表，与索引输出区的结果是一一对应的。输出结果区的图表可以进行编辑等操作。如果要选取某一图表进行编辑，可双击该图表，当图表四周出现黑色边框时，即可对图表中的数据进行编辑。

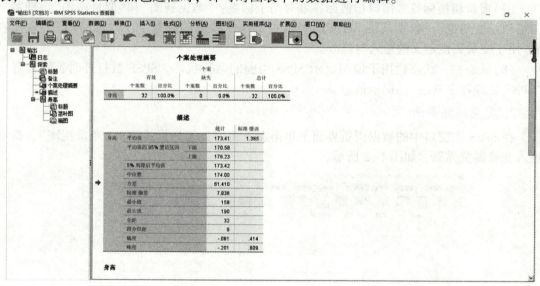

图 1-3　SPSS 结果输出界面

（四）SPSS 常用功能

1. 定义变量属性

在 SPSS 主窗口的左下角处，单击"变量视图"标签，切换至变量浏览界面，即可对变量一一加以定义。SPSS 数据集要求定义变量的属性，即名称、类型、宽度、小数位数、标签、值、缺失、列、对齐、测量和角色。

（1）名称，即变量名。定义变量名时需注意以下几个问题。

①变量名必须以字母为首，后面跟 a～z、0～9 字符。对于字符数量，SPSS13.0 以上版本中没有具体限制，但需要注意，"?""!""/""＼"等不能用作变量名，变量名也不能带扩展名。

②有些关键词不能作为变量名，如 AND、NOT、EQ、LT、LE、GT、GE、NE TO、BY、CROSSTABS、WITH、All、THRU、PERCENTAGE 等。SPSS 不区别大小写字符，但程序中的命令和关键词要用大写字母，表示系统内定；变量名等宜用小写字母，表示人为指定。

（2）类型。单击"类型"按钮，将会出现"…"标志，单击此标志将会出现变量类型对话框。在此对话框中有 8 种变量类型可供选择。

①数值型。通常情况下，可选数字，这也是 SPSS 的默认选项。系统默认长度为 8，小数位为 2。

②带逗号的数值型，即整数部分每 3 位加一个逗号，其余定义方式同数值型。例如，输入 123456，将显示 123，456。

③带圆点的数值型。不论数值大小，均以整数形式出现，每 3 位加一个圆点（不是小数点）。

④科学计数法。

⑤日期型。

⑥货币型。

⑦自定义型。

⑧字符串型。选中该选项后，可在数据输入时输入中文或英文字符。通常情况下字符串型少用为宜。

（3）宽度。运算宽度，默认值为 8，运算宽度实际上只会改变输出结果的显示宽度，数据的存储结果与运算的精度不受宽度的影响。

（4）小数位数。小数位数默认为 2 位小数。

（5）标签，即变量标签。变量标签用来扼要说明变量名的含义。

（6）值，即取值标签。取值标签用于针对定类变量的取值进行编码。例如，在针对性别变量定义取值标签时，可定义 1 代表男，2 代表女。

（7）缺失，即缺失值。SPSS 有两类缺失值：系统缺失值和用户缺失值。在数据视图界面中，任何空着的数字单元都被认为是系统缺失值，用点号"."表示。由于特殊原因形成的信息缺失值，称为用户缺失值。譬如在统计过程中，可能需要区别一些被访者不愿意回答的问题，然后将它们标为用户缺失值，统计过程可识别这些标志，带有缺失值的观测将被特别处理。

单击"缺失"按钮，再单击弹出的 ... 图标，进入"缺失值"对话框。

对话框中有 3 个选项，默认值为最上方的"无缺失值"，即不自定义缺失值的方式。第二项"离散缺失值"，指定离散的缺失值，最多可以定义 3 个值。最后一项"范围加上一个可选的离散缺失值"，指定缺失值存在的区间范围，并可同时指定一个离散值。

（8）列，即列宽。可输入变量所在列的列宽，默认为 8。

（9）对齐，即对齐方式。对齐方式有 3 种选择：左对齐，居中对齐，右对齐。

（10）测量，即数据测量尺度。数据测量尺度有 3 种选择：定类型、定序型和数值型。

（11）角色。变量的角色有 6 个选项：输入、目标、两者、无、区分、拆分。

2. 录入样本数据

要想在 SPSS 中建立数据集，可以在变量定义完成后，在 SPSS 主窗口的左下角处，单击"数据视图"标签，切换至数据浏览界面，通过键盘输入原始数据。也可以转换 Excel 格式文件为 SPSS 数据集，以打开 Excel 类型文件。

（1）打开 SPSS 主窗口，在菜单栏选择"文件"→"打开"→"数据"，系统会弹出"打开数据"对话框，如图 1-4 所示。

在此对话框中选择数据文件类型为"Excel（ * . xls）"，并输入 Excel 格式文件的数据文件名"商业银行经营与管理成绩.xls"。

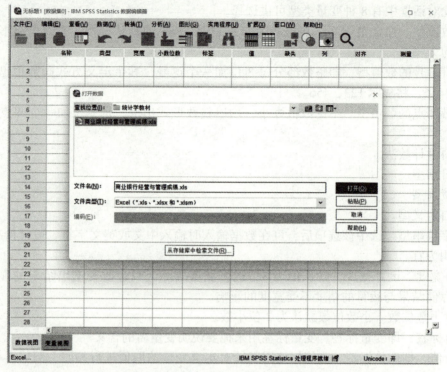

图1-4　在 SPSS 中打开 Excel 类型文件1

（2）单击"打开"按钮，弹出如图1-5所示的对话框。

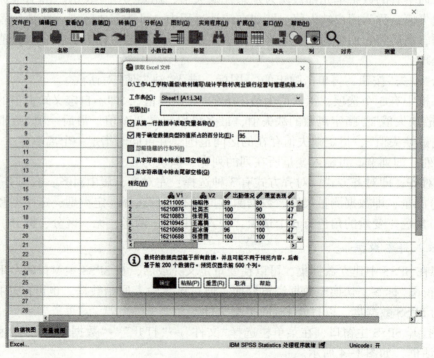

图1-5　在 SPSS 中打开 Excel 类型文件2

（3）单击此对话框中的"确定"按钮，即可在 SPSS 主窗口中以 SPSS 数据集格式打开此 Excel 格式文件，稍加调整，命名保存后即可获得一个内容相同的 SPSS 数据集，如图 1-6 所示。

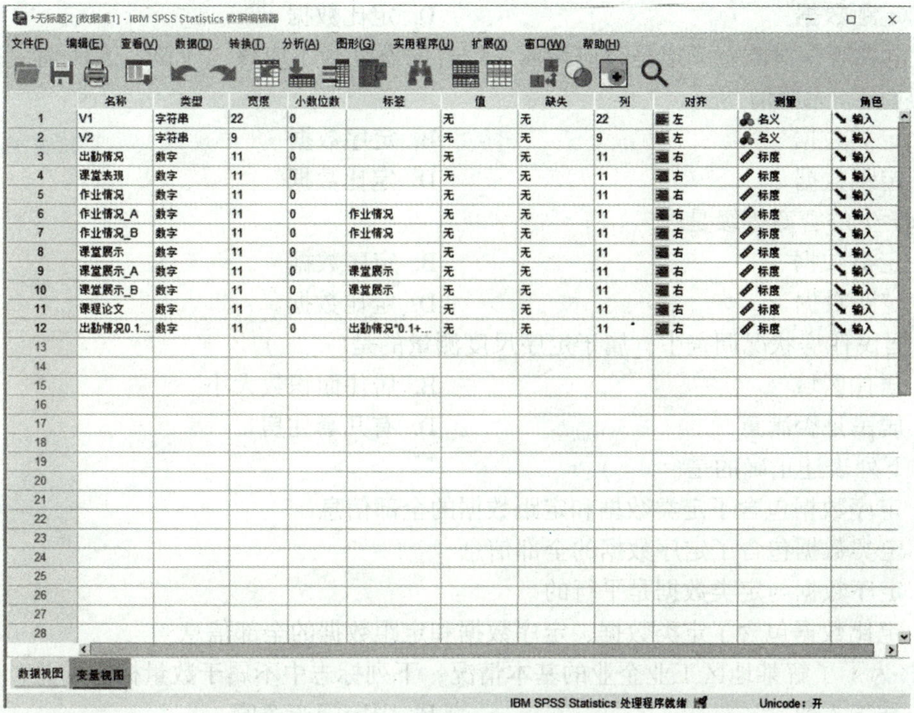

图 1-6　在 SPSS 中打开 Excel 类型文件 3

三、练习题及答案

（一）单项选择题

1. 统计的基本含义是（　　）。

A. 统计调查、统计整理、统计分析　　　　B. 统计分组、统计推断、统计描述

C. 统计工作、统计资料、统计科学　　　　D. 统计分组、统计指标、统计分析

2. 统计总体的特点是（　　）。

A. 同质性、大量性、可比性　　　　　　　B. 同质性、大量性、差异性

C. 数量性、总体性、差异性　　　　　　　D. 数量性、综合性、同质性

3. 从研究方法来看，统计学可以分为（　　）。

A. 描述统计学和应用统计学　　　　　　　B. 描述统计学和推断统计学

C. 推断统计学和数理统计学　　　　　　　D. 推断统计学和应用统计学

4. 统计研究中的大量观察法是指（　　）。

A. 一种具体的调查研究方法

B. 对总体中的所有个体进行观察和研究的方法

C. 搜集大量总体单位资料的具体方法

D. 要认识总体的数量特征就必须对全部或足够多个体进行观察和研究

5. 研究生招生目录中，201 为英语、202 为俄语、203 为日语。这里语种属于(　　)。

A. 定类数据 　　　　　　　　　　　　　B. 定序数据

C. 定距数据 　　　　　　　　　　　　　D. 定比数据

6. 电视观众对收费频道是否应该插入广告的态度为不应该、应该、无所谓。这里"不应该、应该、无所谓"是(　　)。

A. 定类数据 　　　　　　　　　　　　　B. 定序数据

C. 定距数据 　　　　　　　　　　　　　D. 定比数据

7. 学生的智商等级是(　　)。

A. 定类数据 　　　　　　　　　　　　　B. 定序数据

C. 定距数据 　　　　　　　　　　　　　D. 定比数据

8. 居民住房状况调查中，属于定序尺度测量的是(　　)。

A. 居住区域 　　　　　　　　　　　　　B. 居住面积数大小

C. 居民是否满意 　　　　　　　　　　　D. 有几套住房

9. 下列表述正确的是(　　)。

A. 定序数据包含了定类数据和定距数据的全部信息

B. 定类数据包含了定序数据的全部信息

C. 定序数据与定类数据是平行的

D. 定比数据包含了定类数据、定序数据和定距数据的全部信息

10. 为了了解某地区工业企业的基本情况，下列标志中不属于数量标志的是(　　)。

A. 技工人数 　　　　　　　　　　　　　B. 固定资产净值

C. 经济类型 　　　　　　　　　　　　　D. 年盈利额

11. 为了调查各品牌电视机的质量和市场占有份额，下列标志中属于定性变量的是(　　)。

A. 经营方式 　　　　　　　　　　　　　B. 使用寿命

C. 销售价格 　　　　　　　　　　　　　D. 销售量

12. 用部分数据估计总体数据的理论和方法，属于(　　)。

A. 理论统计学 　　　　　　　　　　　　B. 应用统计学

C. 描述统计学 　　　　　　　　　　　　D. 推断统计学

13. 为了了解某地区商业企业的基本情况，下列标注中属于数量标志的是(　　)。

A. 经济类型 　　　　　　　　　　　　　B. 经营方式

C. 销售收入 　　　　　　　　　　　　　D. 年盈利额是否超过 100 万元

14. 统计的数量性特点表现在它是(　　)。

A. 一种纯数量的研究

B. 利用大量的数字资料建立数学模型

C. 在质与量的联系中来研究现象总体的数量特征

D. 以数学公式为基础的定量研究

15. 统计的总体性特点是指统计(　　)。

A. 研究各个现象个体的数量特征

B. 研究由大量个别事物构成的现象整体的数量特征

C. 从认识总体入手开始研究现象的数量特征

D. 从现象量的研究开始来认识现象的性质和规律

16. 5 名同学的某课程考试成绩分别为 60 分、75 分、80 分、90 分、93 分，其平均成绩为 79.6 分，（　　）。

　A. 这是 5 个变量值的平均数 　　　　B. 这是 5 个指标的平均数

　C. 这是 5 个变量的平均数 　　　　　D. 这是 5 个指标值的平均数

17. 对全市工业企业职工的生活状况进行调查，调查对象是（　　）。

　A. 该市全部工业企业 　　　　　　　B. 该市全部工业企业的职工

　C. 该市每一个工业企业 　　　　　　D. 该市工业企业的每一个职工

18. 某年全国汽车总产量（万辆）是（　　）。

　A. 随机变量 　　　　　　　　　　　B. 连续变量

　C. 离散变量 　　　　　　　　　　　D. 任意变量

19. 要反映我国工业企业的整体业绩水平，总体单位是（　　）。

　A. 我国每一家工业企业 　　　　　　B. 我国所有工业企业

　C. 我国工业企业总数 　　　　　　　D. 我国工业企业的利润总额

20. 对走出校园书店的同学进行调查，其中属于定性变量的是（　　）。

　A. 在书店购书花费的时间 　　　　　B. 购买书的数量

　C. 购买书的金额 　　　　　　　　　D. 购买书的专业所属

21. 某研究部门准备在全市 200 万个家庭中抽取 2 000 个家庭，推断这个城市所有职工家庭的年人均收入。这项研究的总体是（　　）。

　A. 200 万个家庭 　　　　　　　　　B. 2 000 个家庭

　C. 200 万个家庭的总收入 　　　　　D. 2 000 个家庭的年人均收入

22. 通过调查或观测而收集到的数据称为（　　）。

　A. 实验数据 　　　　　　　　　　　B. 观测数据

　C. 截面数据 　　　　　　　　　　　D. 时间序列数据

23. 反映客观现象的数据，通过图表形式对所搜集的数据进行整理与显示的方法是（　　）。

　A. 描述性统计 　　　　　　　　　　B. 推断统计

　C. 理论统计 　　　　　　　　　　　D. 应用统计

24. 辽宁省 2000—2017 年经济增长率属于（　　）数据类型。

　A. 截面数据 　　　　　　　　　　　B. 时间序列数据

　C. 面板数据 　　　　　　　　　　　D. 顺序数据

25. 用来描述总体特征的概括性数字度量称为（　　）。

　A. 参数 　　　　　　　　　　　　　B. 统计量

　C. 变量 　　　　　　　　　　　　　D. 样本

26. 统计研究对象具有数量性和总体性的特点，综合说明大量现象的数量关系，概括地表明一般特征的方法是（　　）。

　A. 统计推断法 　　　　　　　　　　B. 统计模型法

　C. 统计指标法 　　　　　　　　　　D. 统计分组法

27. 辽宁省 2017 年各城市经济增长率属于(　　)数据类型。

A. 截面数据　　　　　　　　　　　B. 时间序列数据

C. 面板数据　　　　　　　　　　　D. 顺序数据

28. 在相同或近似相同的时间点上收集的数据称为(　　)。

A. 实验数据　　　　　　　　　　　B. 观测数据

C. 截面数据　　　　　　　　　　　D. 时间序列数据

29. 指出下面变量中哪一个属于定序变量(　　)。

A. 钢铁产量

B. 性别

C. 饮料类型

D. 居民对地铁票价上涨的态度(赞成、中立、反对)

30. 为调查我校毕业生论文质量问题,现从所有论文中抽取 500 份,来推断我校毕业生论文的整体质量。这项研究的总体是(　　)。

A. 我校所有毕业生的论文　　　　　B. 我校所有毕业生的论文质量

C. 我校 500 名毕业生　　　　　　　D. 我校 500 名毕业生的论文质量

31. 指出下面哪个变量的变量值属于分类数据(　　)。

A. 年龄　　　　　　　　　　　　　B. 工资

C. 汽车产量　　　　　　　　　　　D. 购买商品的支付方式

32. 统计总体必须同时具备的 3 个特征是(　　)。

A. 同质性、大量性、可比性　　　　B. 同质性、大量性、差异性

C. 数量性、总体性、差异性　　　　D. 数量性、综合性、同质性

33. 为了估计全国大学生平均每周的阅读时长,从 20 所高校中选取了 1 000 名大学生进行调查。全国大学生平均每周的阅读时长是(　　)。

A. 参数　　　　　　　　　　　　　B. 总体

C. 样本　　　　　　　　　　　　　D. 统计量

34. 根据样本计算的用于推断总体特征的概括性度量值称为(　　)。

A. 参数　　　　　　　　　　　　　B. 总体

C. 样本　　　　　　　　　　　　　D. 统计量

35. 为了估计全国中学生每日奶制品的平均摄入量,从 2 000 所中学中选取了 10 000 名中学生进行调查。这项研究的样本是(　　)。

A. 2 000 所中学的全部中学生　　　　B. 2 000 所中学

C. 全国的中学生　　　　　　　　　D. 10 000 名中学生

36. 为了估计某行业从业者收入水平,从该行业 50 家公司中选取了 5 000 名从业者进行调查。这 5 000 名从业者的年人均工资是(　　)。

A. 参数　　　　　　　　　　　　　B. 总体

C. 样本　　　　　　　　　　　　　D. 统计量

37. 某集团人力资源部对集团所有员工 2021 年 5 月上旬的实际在岗天数进行了核算。以上叙述属于(　　)。

A. 统计工作　　　　　　　　　　　B. 统计方法

C. 统计资料　　　　　　　　　　　D. 统计学

38. 在本学期末，拟将金融学、会计学、农林经济管理、工商管理、市场营销、国际经济与贸易、人力资源管理、酒店管理等专业学生的统计学成绩进行比较。这些学生的统计学成绩属于(　　)。

A. 时间序列数据　　　　　　　　　B. 截面数据

C. 面板数据　　　　　　　　　　　D. 顺序数据

39. 一项民意调查的调查结果表明：45%的年轻人愿意与其父母讨论家庭财务状况，38%的年轻人愿意与其父母讨论有关教育的话题，15%的年轻人愿意与其父母讨论爱情问题。以上叙述属于(　　)。

A. 统计工作　　　　　　　　　　　B. 统计方法

C. 统计资料　　　　　　　　　　　D. 统计学

40. 工业企业的职工人数、职工工资是(　　)。

A. 连续变量　　　　　　　　　　　B. 离散变量

C. 前者是连续变量，后者是离散变量　D. 前者是离散变量，后者是连续变量

(二)多项选择题

1. 以下信息是通过描述性统计取得的有(　　)。

A. 调查某班学生统计学考试分数而得到的该班学生的平均成绩

B. 调查某些班学生统计学考试分数而得到的全校学生的平均成绩

C. 调查某班学生统计学考试分数而得到的优秀比例

D. 一张表示全校学生统计学考试分数的统计图

E. 一张表示某班学生统计学考试分数的统计图

2. 推断统计学研究的主要问题是(　　)。

A. 如何科学地确定总体　　　　　　B. 如何科学地从总体中抽取样本

C. 怎样控制样本对总体的代表性误差　D. 怎样消除样本对总体的代表性误差

E. 如何由所抽取样本去推断总体特征

3. 下面属于定序尺度的有(　　)。

A. 学生的智商等级　　　　　　　　B. 学生到达教室的距离

C. 学生按考试成绩的位次　　　　　D. 学生按出生地的分组

E. 学生统计学考试的分数

4. 为了确定失业率，美国劳工部调查了60 000个家庭，(　　)。

A. 总体是美国全部劳动力人口

B. 样本是60 000个家庭中的全部劳动力人口

C. 总体是美国全部人口

D. 样本是60 000个家庭中的全部人口

E. 样本是60 000个家庭

5. 下列属于无限总体的是(　　)。

A. 某州某次所有登记的选民

B. 某工厂生产线上所有的电视机零件

C. 某邮购业务公司处理的所有订单

D. 所有打进某一地方警察局的紧急电话

E. 某有限公司在 5 月 17 日第二个轮班中制造的所有部件

(三) 判断题

1. 差异性是统计研究的前提。　　　　　　　　　　　　　　　　　　　　（　　　）

2. 统计研究的基本方法可通用于自然现象、社会经济现象和科学实验等的分析研究。

（　　　）

3. 统计运用的大量观察法必须对所有的总体单位进行观察。　　　　　　　（　　　）

4. 用来描述样本特征的概括性数字度量称为统计量。　　　　　　　　　　（　　　）

5. 年龄属于定类变量。　　　　　　　　　　　　　　　　　　　　　　　（　　　）

6. 职工人数、职工工资均属于离散变量。　　　　　　　　　　　　　　　（　　　）

7. 一般来说，描述统计学是推断统计学的基础，推断统计学是描述统计学的拓展，是现代统计学的核心。　　　　　　　　　　　　　　　　　　　　　　　　　（　　　）

8. 研究某市工业企业生产设备使用情况时，统计总体是该市全部工业企业。（　　　）

9. 抽样调查的目的在于对样本进行全面调查。　　　　　　　　　　　　　（　　　）

10. 用来描述样本特征的概括性数字度量称为变量。　　　　　　　　　　（　　　）

11. 工资属于定类变量。　　　　　　　　　　　　　　　　　　　　　　（　　　）

12. 统计按照数据分析的方法可以分为描述性统计和概率统计。　　　　　（　　　）

13. 《中国统计年鉴》中 2019 年城镇家庭的人均收入数据属于时间序列数据。（　　　）

14. 了解数据分布的特征不属于描述性统计问题。　　　　　　　　　　　（　　　）

15. 参数是用来描述总体特征的概括性数字度量。　　　　　　　　　　　（　　　）

16. 某企业员工的工资属于定类数据。　　　　　　　　　　　　　　　　（　　　）

17. 统计研究的基本方法包括大量观察法、统计分组法、综合指标法。　　（　　　）

18. 学期末，将不同专业的学生统计学成绩进行比较，数据属于截面数据。（　　　）

19. 在学校食堂门口随机找学生进行某问题的问卷调查，共获得 100 份有效问卷，得到多组实验数据。　　　　　　　　　　　　　　　　　　　　　　　　　（　　　）

20. 利用仪器，在某一固定地点，每 5 分钟记录一次空气中二氧化碳的含量，获得一组观测数据。　　　　　　　　　　　　　　　　　　　　　　　　　　　（　　　）

21. 数理统计学的奠基人是阿道夫·凯特勒。　　　　　　　　　　　　　（　　　）

22. 理论统计学可以分为描述统计学和推断统计学。　　　　　　　　　　（　　　）

23. 所有统计数据追踪其初始来源，都是来自调查或实验。　　　　　　　（　　　）

24. 普查是指为了某一特定目的而专门组织的一次性非全面调查。　　　　（　　　）

25. 卡方分布理论是由统计学家卡尔·皮尔逊最早提出来的。　　　　　　（　　　）

26. 历史上最先提出统计学一词的统计学家是阿亨瓦尔。　　　　　　　　（　　　）

27. 用样本数据去估计总体参数的理论和方法，属于推断统计学。　　　　（　　　）

28. 历史上"有统计学之名，无统计学之实"的统计学派是国势学派。　　　（　　　）

29. F 分布理论是统计学家卡尔·皮尔逊的成就。　　　　　　　　　　　（　　　）

30. 调查某班学生统计学考试分数而得到的优秀比例，此信息可以通过推断统计取得。

（　　　）

（四）简答题

1. 什么是统计学？
2. 统计数据可分为哪几种类型？
3. 总体和样本各有什么区别与联系？
4. 参数和统计量各有什么区别与联系？
5. 定类变量、定序变量和数值型变量有什么区别？

参考答案

(一)单项选择题

1. C	2. B	3. B	4. D	5. A	6. A	7. B	8. C
9. D	10. C	11. A	12. D	13. C	14. C	15. B	16. A
17. B	18. C	19. A	20. D	21. A	22. B	23. A	24. B
25. A	26. C	27. A	28. C	29. D	30. A	31. D	32. B
33. A	34. D	35. D	36. D	37. A	38. B	39. C	40. D

(二)多项选择题

1. ACDE	2. BCE	3. AC	4. AB	5. BCD

(三)判断题

1. √	2. √	3. ×	4. √	5. ×	6. ×	7. √	8. ×
9. ×	10. ×	11. ×	12. ×	13. ×	14. ×	15. √	16. ×
17. √	18. √	19. ×	20. ×	21. √	22. √	23. √	24. ×
25. ×	26. √	27. √	28. √	29. ×	30. ×		

(四)简答题

略

模块二 统计调查

一、 统计调查知识要点

(一)学习目标

社会调查的结论来自对真实反映社会现象的数据的科学分析，而问卷设计则是在收集这种"真实反映社会现象的数据"的过程中具有重大影响的关键环节之一，同时，它也是整个社会调查过程的难点之一。学习本模块的目的在于了解统计调查的含义和种类，了解统计数据的各种收集方法，掌握调查组织方式的特点及应用场合，并编制调查问卷。因此，在对统计调查的相关概念理解的基础上，结合实际案例，完成调查问卷的设计。

(二)要点解析

1. 统计调查的含义

统计调查也称统计观察，是根据调查的目的与要求，运用科学的调查方法，有计划、有组织地搜集数据信息资料的统计工作过程。

2. 统计调查的组织方式

统计调查的组织方式如下。

(1)普查：指为了某一特定目的而专门组织的一次性全面调查。

(2)抽样调查：指从调查对象的总体中按照随机原则抽取一部分单位作为样本进行调查，并根据样本调查结果来推断总体数量特征的一种非全面调查组织形式。

(3)统计报表：指按照国家有关法规，自上而下地统一布置，以一定的原始记录为依据，按照统一的表式、统一的指标项目、统一的报送时间和报送程序，自下而上、逐级地定期提供统计资料的一种调查方式。

(4)重点调查：指只在调查对象中选择一部分重点单位进行调查，借以了解总体基本情况的一种非全面调查。

(5)典型调查：指根据调查的目的和要求，在对研究对象进行全面分析的基础上，有意识地选择部分有代表性的单位进行的一种非全面调查。

3. 统计数据的来源

(1)直接来源：统计数据的直接来源主要有调查或观察、实验。

(2)间接来源：使用者收集并使用了他人的调查或实验而得到的统计数据。

4. 统计调查方案的设计

(1)确定调查目的。确定调查目的是制订统计调查方案的首要问题，也是应该首先明确的核心问题，这是统计调查的第一步工作。调查活动的各个方面、各个环节都是围绕调查目的进行的。

(2)调查对象和单位。调查对象是所调查的客观现象的总体，由大量具有共同属性的被调查个体组成。调查单位是指在某项调查中登记其具体特征的单位，即构成调查对象的每一个基本单位，它是调查项目和标志的承担者或载体，是我们收集数据的基本单位。

(3)调查项目和调查表。调查项目是调查中所要登记的调查单位的特征，也就是需要被调查者回答的具体问题。按照一定的顺序把各个调查项目排列在表格上，就构成了调查表。调查表是统计调查的核心部分。

(4)调查时间。统计上的调查时间包括两个方面的含义，即调查时间和调查期限。调查时间是指调查资料所属时间。

(5)调查工作组织计划。为了使调查工作顺利进行，在着手调查之前要事先制订调查工作组织计划。

5. 调查问卷的设计

调查问卷的设计包括以下几个方面。

(1)问卷设计的原则：在问卷的设计过程中应该遵循一定的原则，如有明确的主题；结构合理、逻辑性强；通俗易懂；控制问卷的长度；便于资料的校验、整理和统计。

(2)问卷设计的程序：主要包括确定主题和资料范围、分析样本特征、拟定并编排问题、进行试问试答、修改、复印等。

(3)问题的形式：根据调查内容的不同，问题可分为事实性问题、意见性问题和解释性问题。

(4)问卷的结构：调查问卷一般可由三大部分组成：卷首语(开场白)、正文和结尾。

问卷设计应注意的问题如下：

①问卷的开场白；

②问题的语言；

③问题的选择及顺序。

6. 问卷编码

问卷编码就是对每一份问卷和问卷中的每一个问题、每一个答案编制一个唯一的代码，并以此为依据对问卷进行数据处理。

二、 统计调查实践

(一)调查问卷案例

北京市大学生学习状况调查问卷

亲爱的同学：您好！

本次调查是为了深入了解大学生的学习状况，及时把调查结果提供给教学管理决策部门，使教学改革更有利于大学生的成长。您的回答将直接影响调查报告的有效性，所以问卷采用无记名方式，请您按照实际情况和真实想法回答这些问题。

谢谢您的合作！

(一)您的基本情况(请您在选择的序号上打"√")

1. 性别　　　　(1)男　　　　(2)女

2. 年级　　　　(1)大一　　　(2)大二　　　(3)大三　　　(4)大四　　　(5)大五

3. 所学专业属于　　　　(1)工科　　　(2)理科　　　(3)文学　　　(4)法学

　　　　　　　　　　　(5)农林　　　(6)医学　　　(7)教育　　　(8)经济

　　　　　　　　　　　(9)管理

4. 目前的学习状况　　　(1)很好　　　(2)较好　　　(3)一般

　　　　　　　　　　　(4)较差　　　(5)很差

5. 目前的学习成绩在小班排

(1)前5名　　　　(2)前6至前10名　　　(3)居中

(4)后10至后6名　　(5)后5名

(二)单选题(请您在选择的序号上打"√")

1. 我个人的发展目标

(1)很明确　　　　(2)较明确　　　　(3)有点明确

(4)不太明确　　　(5)不明确

2. 通常我给自己定的学习目标

(1)较低，易实现　　(2)切合实际　　　(3)稍高，能实现

(4)有些偏高　　　　(5)太高，无法实现

3. 对学习的结果，我看重的是

(1)在班上的名次　　(2)是否及格

(3)能力是否有提高　(4)学到了多少知识

4. 我认为对专业的兴趣

(1)靠个人内在的兴趣　　　　　(2)要有意识地培养

(3)随着对专业的了解自然会产生　(4)没必要培养，不喜欢就是不喜欢

……

8. 我对自己的考试成绩

(1)很满意　　　　(2)比较满意　　　(3)无所谓

(4)不太满意   (5)不满意

9. 除生病外，我缺课的主要原因是(没有缺课者不需回答，转到下一题)

(1)有更重要的事情要做   (2)老师讲课没有吸引力

(3)对课程提不起兴趣   (4)听不懂老师讲的内容

(5)其他

10. 除生病外，同学们缺课的普遍原因是

(1)有更重要的事情要做   (2)老师讲课没有吸引力

(3)对课程提不起兴趣   (4)听不懂老师讲的内容

(5)其他

11. 对于作业中老师指出的错误，我的做法是

(1)及时改正   (2)有时改正   (3)偶尔改正

(4)看一下，不改正   (5)根本不看

12. 我认为学校中考试作弊现象

(1)很普遍   (2)比较普遍   (3)不太普遍

(4)不普遍   (5)极个别情况

13. 我对同学中考试作弊的态度是

(1)可以理解   (2)气愤但不会举报   (3)无所谓

(4)勇于举报   (5)应该给予严厉处分

……

18. 我个人对待考试的态度是

(1)坚持独立完成   (2)有时想作弊但不敢

(3)对没有把握的科目会冒险   (4)只要有条件就会作弊

19. 我平时的学习效率

(1)很高   (2)较高   (3)一般   (4)较低   (5)很低

20. 我上网的情况是

(1)没上过网   (2)偶尔上网   (3)有时上网

(4)经常上网   (5)每天都上网

21. 上网对我的学习

(1)有很大帮助   (2)有些帮助   (3)没有帮助

(4)有些负面影响   (5)负面影响很大

22. 对下周时间的统筹安排，我的做法是

(1)总会做   (2)经常做   (3)有时做

(4)偶尔做   (5)从不做

23. 在我所学的课程中，重视指导学生"如何进行学习"的教师为

(1)绝大部分   (2)大部分   (3)一半左右

(4)少部分   (5)极个别

……

27. 我认为在学校中开设大学生学习指导课

(1)非常必要　　　　　(2)有必要　　　　　(3)无所谓

(4)不太必要　　　　　(5)没必要

28. 将浪费的时间及时补回来, 我认为

(1)总能做到　　　　　(2)经常能做到　　　　　(3)有时能做到

(4)偶尔能做到　　　　　(5)从没做到

(三)表格单选(请您根据自己的实际情况, 在每题的非常符合、比较符合、有点符合、不太符合、不符合5个尺度上进行选择, 用"√"标示)

题号	题目	非常符合	比较符合	有点符合	不太符合	不符合
29	我更喜欢做具有竞争性与挑战性的事情					
30	我喜欢自己的专业					
31	考试前我的压力很大					
32	学习时我的注意力能高度集中					
33	在平时的学习过程中, 我的情绪很稳定					
34	在人多的场合回答问题时, 我总是感到紧张					
35	我对学习的兴趣很浓					
…	……					
79	学校开设的选修课程能满足我的需要					

(四)多选题(请您在选择的序号上打"√")

80. 我上大学的3个主要目的是

(1)为国家富强贡献自己的力量

(2)找到理想职业, 提高经济收入

(3)不辜负父母的希望

(4)提高素质, 实现自身价值

(5)为进一步深造奠定基础

(6)其他

81. 我现在最苦恼的3个问题是

(1)学习压力大

(2)经济困难

(3)就业形势不好

(4)学校办学条件差

(5)人际关系紧张

(6)个人情感问题

(7)集体中缺少温暖

(8)对所学专业没有兴趣

（9）不知道自己的发展方向

（10）其他

82. 我考试不及格的 3 个最主要原因是

（1）基础差

（2）课程太难

（3）对课程没兴趣

（4）沉迷于网络

（5）不喜欢专业

（6）活动太多

（7）努力不够

（8）学习方法不当

（9）学习能力不强

（10）教师教学质量不高

（11）其他

……

84. 同学中考试不及格的 3 个主要原因是

（1）基础差

（2）课程太难

（3）对课程没兴趣

（4）沉迷于网络

（5）不喜欢专业

（6）活动太多

（7）努力不够

（8）学习方法不当

（9）学习能力不强

（10）教师教学质量不高

（11）其他

……

86. 我上网的 3 个主要目的是

（1）课程学习需要

（2）收发邮件

（3）浏览各类信息

（4）娱乐

（5）发表个人观点

（6）交友或聊天

（7）查找有关资料或下载工具

（8）处理个人事物（如购物、订票等）

（9）其他

调查到此结束，再次感谢您的支持配合！

(二)调查问卷编码

结合调查问卷案例中的问卷题目，进行问卷编码设定，如下所示。

编码方式：

题项	变量名称	变量值范围	变量值编码
一、基本信息			
1	性别	1~2	1：男　　　2：女
2	年级	1~5	1：大一　　2：大二　　3：大三 4：大四　　5：大五
3	所学专业属于	1~9	1：工科　　2：理科　　3：文学 4：法学　　5：农林　　6：医学 7：教育　　8：经济　　9：管理
…	……		
二、单选题			
1	我个人的发展目标	1~5	1：很明确　　　　2：较明确 3：有点明确　　　4：不太明确 5：不明确
2	通常我给自己定的学习目标	1~5	1：较低，易实现　　2：切合实际 3：稍高，能实现　　4：有些偏高 5：太高，无法实现
…	……		
三、表格单选			
29	我更喜欢做具有竞争性与挑战性的事情	1~5	1：非常符合　　2：比较符合 3：有点符合　　4：不太符合 5：不符合
30	我喜欢自己的专业	1~5	1：非常符合　　2：比较符合 3：有点符合　　4：不太符合 5：不符合
…	……		
四、多选题			
80	我上大学的3个主要目的是	(1)	0~1	0：未勾选　1：勾选
		(2)	0~1	
		(3)	0~1	
		(4)	0~1	
		(5)	0~1	
		(6)	0~1	

续表

题项	变量名称		变量值范围	变量值编码
81	我现在最苦恼的3个问题是	(1)	0~1	0：未勾选1：勾选
		(2)	0~1	
		(3)	0~1	
		(4)	0~1	
		(5)	0~1	
		(6)	0~1	
		…	…	
…				

变量值范围：问卷编写中，单项选择题的每一个题目即是一个变量，题目的选项即是变量的取值，选项个数即是变量的取值范围，如一个题目中有两个选项，那么数值范围为1~2；多项选择题的每一个选项即是一个变量，取值范围为0~1。

变量值编码：单项选择题的无序变量值从1开始编码即可；对于有序变量值，编码要先从小到大排序，再编码，从小到大编码依次为1、2、3…；多项选择题的每一个选项为一个变量，要为每个选项的取值编码，被勾选编码为1，未被勾选编码为0。

(三) 抽样案例

城市居民社会保障状况调查方案

一、调查目的与内容(略)

二、调查总体、样本以及数据收集与分析方法

本次调查的总体为6个城市中所有18岁以上的居民(包括外来人口，但不包括因年龄太大等生理原因不能接受的调查者)。

本次调查的样本规模：每个城市成功调查500位居民。6个城市总共成功调查3 000位居民。

本次调查的分析单位为个人。

调查数据的收集方法为入户结构访问法。数据分析主要包括单变量描述性统计、单因素方差分析、双变量相关分析以及因子分析和多元回归分析等。

三、抽样程序

样本抽取采用多阶段随机抽样方法进行。

1. 从每个城市所有城区中各抽取5个城区。

2. 从每个抽中的城区中各抽取2个街道办事处(或社区)。这样，每个城市总共抽取10个街道办事处(或社区)。

3. 从每个抽中的街道办事处(或社区)中各抽取2个居委会(如果居委会规模较大，比如管辖范围超过1 000户，就从居委会中再抽取居民小组)。这样，每个城市中总共抽取20个居委会(或居民小组)。

4. 从每个抽中的居委会中各抽取25户居民家庭。

5. 从每户抽中的家庭中抽取一个18岁以上的成员。

四、抽样的具体步骤与方法

第一阶段：从城市中抽取城区。

采用简单随机抽样的方法，列出全市所有城区的名单，顺序编号，用写小纸条抽签的方法抽出5个城区。假设某市共有7个城区，编为1~7号，写7张小纸条，也是1~7号，将小纸条叠起来，放进口袋里混合，从中抽出5张，这5张小纸条上面的号码所对应的城区就是所抽取的样本城区。

第二阶段：从城区中抽取街道办事处（或社区）。

采用简单随机抽样的方法，列出每个城区中的全部街道办事处（社区）的名单，顺序编号，同样用上述写小纸条抽签的方法抽出2个街道办事处（或社区）。假设某城区共有9个街道办事处（或社区），编为1~9号，写9张小纸条，也是1~9号，将小纸条叠起来，放进口袋里混合，从中抽出两张。这两张小纸条上的号码所对应的街道办事处（或社区）就是所抽取的样本街道办事处（或社区）。

第三阶段：从街道办事处（或社区）中抽取居委会。

采用系统随机抽样的方法，列出每个街道办事处（或社区）中全部居委会的名单，顺序编号，然后计算抽样间隔，即抽样间隔=居委会总数/2。假定某街道办事处（或社区）共有23个居委会，那么，23/2=11.5，间隔应为整数，即12；然后，将1~12号分别写到12张小纸条上，将小纸条叠好，放进口袋里混合，随机抽出一张，假定小纸条上的号码是6，那么，这就是第一个抽中的居委会号码；第二个抽取的居委会号码应为6+12=18。（如果第一次抽到的号码是12，那么，12+12=24，则24为抽中的第二个居委会号码。如果居委会的规模很大，再从抽中的居委会中按简单随机抽样的方法抽取一个居民小组。）

第四阶段：从居委会中抽取居民户。

事先应与居委会负责人联系，讲明调查目的、性质、内容和方法，请他们提供居委会所辖全部家庭户的名单。获得名单后，先将名单顺序编号，然后采用系统随机抽样的方法抽取样本居民户的名单（考虑到实际调查中可能出现的拒访、搬迁、无人在家等各种实际情况，抽样的规模按样本实际比例的两倍来抽，即每个居委会抽出50户居民家庭）。假设某居委会中共有336户居民，先将他们编上序号。然后计算抽样间隔，即抽样间隔=居民户总数/50=336/50=6.72，取整数为7；然后，将1~7分别写在7张小纸条上，将小纸条叠好，放进口袋里混合，从中抽出一张。假定小纸条上的号码是3，那么，从3开始，每隔7户抽一户。这样，最终可以抽出第3、10、17、24、31、…、325、332号总共48户居民，再加上第2户和第9户总共50户居民户。

第五阶段：从居民户中抽取被调查人。

这是抽样的关键。首先，需要了解抽中的居民户中18岁以上的人口数；然后询问他们每人的生日；最后，抽取其中生日距8月1日最近的那个人作为被调查对象（如果此人当时不在家，则约好时间再次上门访问）。比如，某户家庭共有5口人，老年夫妇两人，青年夫妇两人，一个上小学的儿童。通过询问，4个成年人的生日分别为老先生2月9日、老太太9月27日、年轻丈夫6月18日、年轻妻子5月6日。那么，就应该把年轻丈夫作为被调查对象。

每个城市抽样完成后，应有一份全市所有城区、所抽取城区中所有街道办事处（或社区）、所抽取街道办事处（或社区）中所有居委会的名单，以供复查使用。每位访问员在问卷调查结束后应询问其家庭电话号码。

五、调查实施

1. 挑选访问员。

每个城市的访问员队伍最好由 20～25 名高年级大学生或者研究生组成,男女生比例最好相当。访问员应具有诚实、认真、吃苦、耐劳的品质,以及较强的人际交往能力、口头表达能力、自我保护能力。

2. 培训访问员。

访问员必须经过短期专门培训,培训内容包括了解调查项目、了解调查要求、掌握访问技巧、熟悉问卷、做试访问、了解分组和管理要求等。正式调查前,每个访问员必须完成一份试调查,经过集体总结后才能正式开展调查。

3. 联系调查。

通过市、区的民政部门介绍(包括开介绍信、打电话等),与各街道办事处(或社区)和居委会联系。努力争取街道与居委会的支持与配合。这一点对于调查的顺利进行,特别是对于减少调查过程中的阻碍、取得受访者的信任和节省调查时间具有十分重要的作用

4. 保证调查质量。

建议将访问员分为几组,每组 4～5 名访问员。调查最好在双休日进行,以避免工作日大部分调查对象上班外出不在家的情况发生。建议每组每天集中调查一个居委会,完成 20～25 户(平均每人 4～5 户)。每天调查结束后,有人专门负责检查,及时发现问题,及时补救。每份问卷上需要有访问员和审核员的签名。

5. 访问员报酬。

为保证访问员的工作质量和相应的劳动所得,按每份问卷 20 元给予访问员调查报酬(不包括市内交通费、饮料费等);同时,为了保证受访者的利益和便于调查的开展,给予每一位被调查对象价值 10 元左右的纪念品。

6. 注意访问员的人身安全。采取切实可行的措施,保证访问员的人身安全。最好在双休日白天进行调查,晚上调查必须两人一组进行,男女搭配,不能单独行动,21:00 前必须返回。

六、进度安排

1. 准备阶段:4 月 1 日—5 月 31 日。

具体工作为设计调查问卷,组织访问员队伍,各城市抽取城区、街道、居委会(若条件许可,抽到居民户),联系街道和居委会,访问员培训,试调查。

2. 调查实施阶段:6 月 1—30 日。

具体工作为按调查计划安排,将访问员分组,进入样本街道和居委会开展调查;实地抽取居民户以及户中抽人;以结构访问法的方式完成调查问卷。

每天实地审核调查问卷,发现问题及时处理和开展补充调查。

3. 数据整理阶段:7 月 1—31 日。

为保证数据质量,各地调查问卷统一通过邮局于 7 月 5 日前寄往南京调查点,由南京调查点集中编码和录入。南京调查点组织专门人员依据编码手册对问卷进行编码和录入。建议编码者和录入者为同一组人,编码和录入前一定要进行专门培训,强调认真仔细,切忌马虎。编码和录入时先慢后快,以便于减少录入中的错误。数据录入完毕后,经过计算机处理,于 7 月底以前将数据分别用电子邮件发送给各个城市研究人员。

4. 分析数据和撰写研究报告阶段：8月1日—12月31日。

各城市研究人员利用所在城市的调查数据完成本城市居民社会保障状况的调查报告一份，专题论文若干篇。课题组利用6个城市的数据完成课题总报告一份，并为编辑成果出版做准备。

三、练习题及答案

（一）单项选择题

1. 要研究家电企业的经济效益问题，可以在全国家电行业中选择一个或几个经济效益有代表性的企业进行深入、细致的调查，以探寻企业经济效益形成的过程、原因和特点，这种调查属于(　　)。

A. 典型调查　　　　　　　　　　B. 普查

C. 重点调查　　　　　　　　　　D. 抽样调查

2. 某学校对学习成绩好的几个班级进行了调查，这种调查属于(　　)。

A. 普查　　　　　　　　　　　　B. 重点调查

C. 典型调查　　　　　　　　　　D. 抽样调查

3. 为了解全国煤炭企业的生产安全状况，找出安全隐患，专家根据经验选择10个有代表性的企业进行深入细致的调查，这种调查属于(　　)。

A. 专家调查　　　　　　　　　　B. 重点调查

C. 系统调查　　　　　　　　　　D. 典型调查

4. 在对现象总体进行分析的基础上，有意识地选择若干调查单位进行调查，这种调查属于(　　)。

A. 抽样调查　　　　　　　　　　B. 典型调查

C. 重点调查　　　　　　　　　　D. 普查

5. (　　)的优点在于调查范围小，调查单位少，灵活机动，具体深入，节省人力、财力和物力等。

A. 抽样调查　　　　　　　　　　B. 典型调查

C. 重点调查　　　　　　　　　　D. 普查

6. 对于占全国彩电总产量绝大比重的彩电企业进行生产基本情况全面调查，这种调查属于(　　)。

A. 典型调查　　　　　　　　　　B. 普查

C. 重点调查　　　　　　　　　　D. 抽样调查

7. (　　)是指只在调查对象中选择一部分重点单位进行调查，借以了解总体基本情况的一种非全面调查。

A. 典型调查　　　　　　　　　　B. 普查

C. 重点调查　　　　　　　　　　D. 抽样调查

8. 对首钢、宝钢、鞍钢、包钢等几个大型钢铁企业调查，可以大概了解全国钢铁生产的基本情况，这种调查属于(　　)。

A. 典型调查　　　　　　　　　　　B. 普查

C. 重点调查　　　　　　　　　　　D. 抽样调查

9. 重点调查中的(　　)是指就调查标志而言，其标志值占总体标志总量的大部分比例的少数单位。

A. 重点单位　　　　　　　　　　　B. 普通单位

C. 一般单位　　　　　　　　　　　D. 中型企业

10. 为调查我国煤炭开采的情况，可以选取以下哪个省份的企业做重点调查的对象?
(　　)

A. 山西　　　　　　　　　　　　　B. 吉林

C. 辽宁　　　　　　　　　　　　　D. 浙江

11. 分析哪些是主要资料、哪些是次要资料、哪些是可要可不要的资料，淘汰那些不需要的资料，再分析哪些资料需要通过问卷取得、需要向谁调查等，并确定调查地点、时间及对象。这是要(　　)。

A. 确定资料范围　　　　　　　　　B. 分析样本特征

C. 拟定并编排问题　　　　　　　　D. 进行试问试答

12. 分析了解各类调查对象的社会阶层、社会环境、行为规范、观念习俗等社会特征，以便针对其特征来拟题。这是要(　　)。

A. 确定资料范围　　　　　　　　　B. 分析样本特征

C. 拟定并编排问题　　　　　　　　D. 进行试问试答

13. 分析需求动机、潜在欲望等心理特征；理解能力、文化程度、知识水平等学识特征，以便针对其特征来拟题。这是要(　　)。

A. 确定资料范围　　　　　　　　　B. 分析样本特征

C. 拟定并编排问题　　　　　　　　D. 进行试问试答

14. 设计调查问卷时，要构想每项资料需要用什么样的句型来提问，尽量详尽地列出问题。这是要(　　)。

A. 确定资料范围　　　　　　　　　B. 分析样本特征

C. 拟定问卷问题　　　　　　　　　D. 进行试问试答

15. (　　)要求被调查者依据现有事实来做出回答，不必提出主观看法。这些问题又称为"分类性问题"。

A. 事实性问题　　　　　　　　　　B. 意见性问题

C. 解释性问题　　　　　　　　　　D. 回答性问题

16. 在问卷中，通常将(　　)放在后边，以免应答者在回答有关私人的问题时有所顾忌，从而影响以后的答案。

A. 事实性问题　　　　　　　　　　B. 意见性问题

C. 解释性问题　　　　　　　　　　D. 回答性问题

17. (　　)用于了解被调查者的意见、看法、评价、态度、要求和打算等。

A. 事实性问题　　　　　　　　　　B. 意见性问题

C. 解释性问题　　　　　　　　　　D. 回答性问题

18. "您是否喜欢××电视节目？您对目前的职业是否满意？"属于(　　)。

A. 事实性问题　　　　　　　　B. 意见性问题

C. 解释性问题　　　　　　　　D. 回答性问题

19. (　　)用于了解被调查者行为、意见、看法等产生的原因，了解个人内心深层的动机。

A. 事实性问题　　　　　　　　B. 意见性问题

C. 解释性问题　　　　　　　　D. 回答性问题

20. "您对某百货商场的印象如何？"这样的问题过于笼统，很难达到预期效果，因此在问题的设计中应避免(　　)。

A. 提一般性的问题　　　　　　B. 用不确切的词

C. 使用含糊不清的句子　　　　D. 引导性提问

21. "普通""经常""一些"等词，以及一些形容词，如"美丽"等词语，各人的理解往往不同，因此在问卷设计中应避免(　　)。

A. 提一般性的问题　　　　　　B. 用不确切的词

C. 使用含糊不清的句子　　　　D. 引导性提问

22. "您最近是出门旅游，还是休息？"出门旅游也是休息的一种形式，它和休息并不存在选择关系，因此在问题的设计中应避免(　　)。

A. 提一般性的问题　　　　　　B. 用不确切的词

C. 使用含糊不清的句子　　　　D. 引导性提问

23. 如果提出的问题不是"执中"的，而是暗示出调查者的观点和见解，力求使回答者跟着这种倾向回答，这种提问就是(　　)。

A. 提一般性的问题　　　　　　B. 用不确切的词

C. 使用含糊不清的句子　　　　D. 引导性提问

24. "消费者普遍认为××牌子的冰箱好，您的看法如何？"这样的提问方式不够合理，因此在问题的设计中应避免(　　)。

A. 提一般性的问题　　　　　　B. 用不确切的词

C. 使用含糊不清的句子　　　　D. 引导性提问

25. 统计误差包括登记性误差和(　　)。

A. 代表性误差　　　　　　　　B. 调查对象遗漏

C. 计算机录入错误　　　　　　D. 虚报瞒报

26. 调查过程中由于调查者或被调查者的人为因素所造成的误差是(　　)。

A. 代表性误差　　　　　　　　B. 登记性误差

C. 系统误差　　　　　　　　　D. 抽样误差

27. 如果一个样本因人为操纵而出现偏差，这种误差属于(　　)。

A. 抽样误差　　　　　　　　　B. 非抽样调查

C. 设计误差　　　　　　　　　D. 试点误差

28. 下列陈述中错误的是(　　)。

A. 抽样误差只存在于概率抽样中

B. 非抽样误差只存在于非概率抽样中

C. 无论是概率抽样还是非概率抽样都存在非抽样误差

   D. 在全面调查中也存在非抽样误差

29. 某居民小区为了解住户对物业服务的看法，准备采取抽样调查方式搜集数据。物业管理部门利用最初的居民户登记名单进行抽样。但现在的小区中，原有的一些居民已经搬走，同时有些是新入住的居民户。这种调查产生的误差属于（   ）。

   A. 随机误差   B. 抽样框误

   C. 回答误差   D. 无回答误差

30. （   ）包括多方面的含义，它不仅仅指数据本身的准确性或误差的大小。

   A. 数据的质量   B. 数据的准确性

   C. 数据的精度   D. 登记误差

31. "解剖麻雀"式和"划类选典"式属于哪种调查方式？（   ）

   A. 抽样调查   B. 典型调查

   C. 重点调查   D. 普查

32. 商场中某柜台产品销量突出，对其销量突出的原因进行调查，一般宜采用（   ）。

   A. 全面调查   B. 抽样调查

   C. 典型调查   D. 重点调查

33. 有意识地选取产量较低的粮食耕地来调查粮食产量低的原因，这种调查方式属于（   ）。

   A. 重点调查   B. 非全面报表

   C. 抽样调查   D. 典型调查

34. 为了掌握该地区水泥生产的质量情况，某地区拟对占该地区水泥总产量80%的5个大型水泥厂的生产情况进行调查，这种调查方式属于（   ）。

   A. 普查   B. 典型调查

   C. 抽样调查   D. 重点调查

35. 在（   ）中选出的单位应尽可能少，而这些单位又能反映总体的一般情况。

   A. 普查   B. 典型调查

   C. 抽样调查   D. 重点调查

36. 设计调查问卷前，根据调查目的，研究调查内容、所需收集的资料及资料来源、调查范围等，酝酿问卷的整体构思，这是要（   ）。

   A. 确定主题   B. 分析样本特征

   C. 拟定并编排问题   D. 进行试问试答

（二）判断题

1. 源于别人调查或实验的数据，对使用者来说，这是统计数据的间接来源，称为第一手数据或间接数据。   （   ）

2. 统计数据的直接来源主要有两个：一是调查或观察；二是实验。   （   ）

3. 国家统计局每10年进行一次全国农业普查，尾数逢6的年份为普查年度，标准时点为普查年度的12月31日24时。调查得到的数据是间接数据。   （   ）

4. 美国的盖洛普公司是全球知名的民意测验和商业调查、咨询公司。该公司通过调

查得到的数据是一手数据。（   ）

5. 普查可以为抽样调查或其他调查提供基本依据。（   ）

6. 农业普查的标准时点定为普查年份的 12 月 31 日 24 时。这说明普查往往规定统一的标准时点。（   ）

7. 调查全国大学生的消费水平，可以采用普查的方法。（   ）

8. 抽样调查是指从调查对象的总体中按照随机原则抽取一部分单位作为样本进行调查，并根据样本调查结果来推断总体数量特征的一种全面调查组织形式。（   ）

9. 对电视显像管的平均使用寿命的调查可采用抽样调查方法。（   ）

10. 抽样调查是实际中应用最广泛的一种调查方式。（   ）

11. 为调查某商场的消费情况，商场经理亲自观察和记录顾客的购买情况、购买情绪、同类产品竞争程度以及各种商品的性能、式样、价格、包装等。这种搜集数据的方式是观察法。（   ）

12. 观察法是指调查者有目的、有计划地凭借自己的感觉器官或运用各种记录工具，深入调查现场，直接观察和记录被调查对象的行为或状态，以收集资料的一种方法。（   ）

13. 在生猪饲养调查中，调查人员深入养殖现场，"踏栏计数，目测估重"，这是间接观察。（   ）

14. 通过录像监控设备，调查营业场所顾客购买商品和营业人员营销服务的情况，这是直接观察。（   ）

15. 调查营销人员的工作情况，调查者与营业人员一起开展商品营销，从中收集营业人员工作热情、业务技术、工作方法、工作效率等有关情况，这是参与观察。（   ）

16. 问卷的问题排列应有一定的逻辑顺序，符合应答者的思维习惯。（   ）

17. 对于问卷的题目没有难易程度要求。（   ）

18. 调查问卷要求结构合理、逻辑性强。（   ）

19. 问卷的问题一般是先易后难、先简后繁、先具体后抽象。（   ）

20. 问卷应使应答者一目了然，并愿意如实回答。（   ）

21. 问卷的语气要亲切，符合应答者的理解能力和认知能力，避免使用专业术语。（   ）

22. 对敏感性问题应采取一定的技巧调查，使问卷具有合理性和可答性，避免主观性和暗示性，以免答案失真。（   ）

23. 某调查问卷中写到"您是否排斥同性恋？"这样的问题是合理的。（   ）

24. 回答问卷的时间控制在 10 分钟左右，问卷中既不要浪费一个问句，也不要遗漏一个问句。（   ）

25. 调查问卷的设计应便于资料的校验、整理和统计。（   ）

26. 引用二手数据时，一定要注明统计数据的来源，以尊重他人的劳动成果。（   ）

27. 调查中不可以利用各种报纸、杂志、图书、广播、电视传媒中的数据。（   ）

28. 某机构十分关心小学生每周看电视的时间，该机构随机抽样 300 名小学生家长对他们的孩子每周看电视时间进行调查。结果表明，这些小学生每周看电视的平均时间为 15 小时，标准差为 5 小时。该机构搜集数据的方式是抽样调查。（   ）

29. 抽样调查的特点：时效性、经济性、全面性、准确性。　　　　　　　（　　）

30. 某调查问卷中写到"当你有牙周炎时，是否会服用2-甲基-5-硝基咪唑-1-乙醇类的消炎药？"这样的问题是合理的。　　　　　　　　　　　　　　　　　　（　　）

32. 某大四学生，写毕业论文过程中，查阅《中国统计年鉴》中的相关数据，最终完成了毕业论文，查阅的数据是一手数据。　　　　　　　　　　　　　　　　　（　　）

（三）简答题

1. 简述普查与抽样调查的特点。

2. 统计数据的具体收集方法有哪些？

3. 统计调查方案包括哪几个方面的内容？

4. 调查问卷包含几个部分？

5. 统计数据的误差包括哪两个方面？

（四）分析题

某电视机生产厂家想要通过市场调查了解以下情况：

（1）该企业的知名度；

（2）该企业所生产的电视机的市场占有率；

（3）用户对其所生产的电视机质量的评价及满意程度。

要求：

（1）设计出一份完整的调查方案；

（2）设计出一份调查问卷；

（3）你认为应该采用什么调查方法开展此项调查？

参考答案

(一)单项选择题

1. A	2. C	3. D	4. B	5. B	6. C	7. C	8. C
9. A	10. A	11. A	12. B	13. B	14. C	15. A	16. A
17. B	18. B	19. C	20. A	21. B	22. C	23. D	24. D
25. A	26. B	27. B	28. B	29. B	30. A	31. B	32. C
33. D	34. D	35. D	36. A				

(二)判断题

1. ×	2. √	3. ×	4. √	5. √	6. √	7. ×	8. ×
9. √	10. √	11. √	12. √	13. ×	14. ×	15. √	16. √
17. ×	18. √	19. √	20. √	21. √	22. √	23. ×	24. ×
25. √	26. √	27. ×	28. √	29. √	30. √	31. ×	32. ×

(三)简答题

略

(四)分析题

略

一、统计数据整理与展示知识要点

(一)学习目标

统计数据整理是指根据特定的统计研究目的与要求，对统计调查所搜集的个体的原始数据进行分组、汇总，或对原始数据进行再分组或汇总，使之条理化、系统化的工作过程。数据整理是根据统计研究的任务和要求，对调查收集到的原始数据资料进行科学的综合与加工，使之系统化，并以图表的形式显示，从而得出反映总体特征的综合资料的工作过程。

学习本模块的任务是掌握如何对原始资料进行审核，在 SPSS 软件中如何对数据进行拆分、汇总、加权、重新编码。按照统计工作任务，使用不同的图形对数据进行合理的显示，并掌握对条形图、饼图、帕累托图、茎叶图、箱图、直方图、散点图等不同图形的分析。

(二)要点解析

条形图：又称柱形图，是利用相同宽度的条形的长短或高低来表现统计数据大小或变动的统计图。

饼图：是用扇形的大小来表示数值大小的统计图。饼图简单易懂，并且便于比较，因此，饼图的制图过程使用最为广泛。

帕累托图：是将出现的质量问题和质量改进项目按照重要程度依次排列而采用的一种图表。

茎叶图：是反映原始数据分布的图形。它由茎和叶两部分构成，其图形是由数字组成的。通过茎叶图，可以看出数据的分布形状及数据的离散状况。

箱图：又称箱线图，是表示样本数据的中位数、四分位数和极端值的统计图形。

直方图：是用条形的长短来表示连续性频数大小的统计图。

散点图：又称相关图。根据散点图中数据的分布走向和密集程度，可以大致判断变量之间的相关关系。

二、统计数据整理与展示 SPSS 实践

（一）打开数据与录入数据

（1）在电脑上打开文件启动 SPSS。

（2）在菜单栏中选择"文件"→"打开"→"数据"命令，如图 3-1 所示。

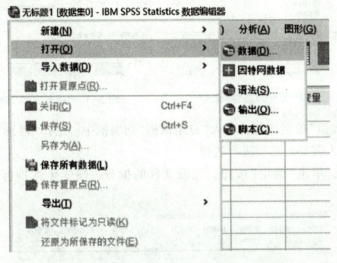

图 3-1　选择"数据"命令

（3）弹出"打开数据"对话框，在"查找位置"下拉列表中选择 SPSS 学生成绩文件所在位置。

（4）双击打开学生"成绩.sav"文件。该文件会在 SPSS 的数据编辑器窗口中打开。

（二）数据文件管理

1. 拆分

数据文件的拆分是指按照某变量，对数据文件进行分组，以便进行分组分析。拆分后的数据文件并非是形成几个独立的数据文件，而是呈现在同一个数据文件中，只是在统计分析过程中分别对不同的拆分组进行统计分析，具体操作如下。

（1）选择"拆分为文件"命令，如图 3-2 所示，即可打开"拆分文件"对话框，如图 3-3 所示。

图 3-2 选择"拆分为文件"命令

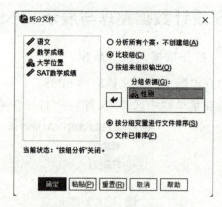

图 3-3 "拆分文件"对话框

（2）选择"比较组"单选按钮，写入"分组依据"列表框中，选择"性别"变量。

（3）用户按个人需要对选项进行选择。

（4）选择完毕，单击"确定"按钮，完成文件的拆分。按学生性别拆分数据如图 3-4 所示。

	性别	语文	数学成绩	大学位置	SAT数学成绩	变量
1	1	89.00	78.00	1.00	570.00	
2	1	76.00	89.00	2.00	450.00	
3	1	65.00	74.00	1.00	580.00	
4	1	67.00	75.00	1.00	550.00	
5	1	72.00	90.00	2.00	480.00	
6	2	88.00	67.00	1.00	600.00	
7	2	56.00	77.00	2.00	450.00	
8	2	83.00	83.00	2.00	520.00	
9	2	77.00	68.00	1.00	450.00	
10	2	90.00	54.00	2.00	550.00	
11						
12						

图 3-4 按学生性别拆分数据

2. 汇总

分类汇总是按指定的变量对观测值进行分组，并对分组后的数据进行描述统计的一种方法。例如，我们需要求不同性别学生数学成绩的均值。这里有两个变量，一个是性别，一个是数学成绩，具体操作如下。

（1）在菜单栏中选择"数据"→"汇总"命令，如图 3-5 所示。

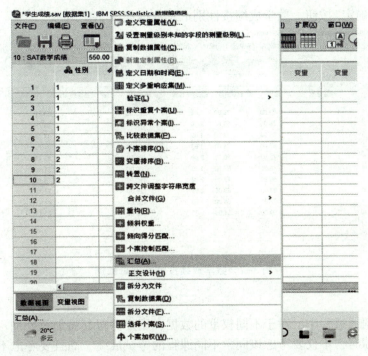

图 3-5　选择"汇总"命令

（2）弹出"汇总数据"对话框，将"性别"放入"分界变量"列表框中，将"数学成绩_mean＝MEAN（数学成绩）"放入"变量摘要"列表框中，如图 3-6 所示。

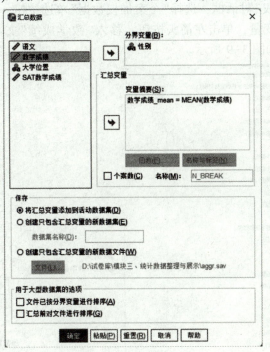

图 3-6　"汇总数据"对话框

（3）单击"确定"按钮。数学成绩按性别汇总数据如图 3-7 所示。

图 3-7　数学成绩按性别汇总数据

3. 加权

在处理数据的过程中，对于不同权重的数据，用户需对其做加权处理。例如，在评定一名同学的成绩时，不仅要考虑该同学不同课程的考试成绩，而且要考虑不同学科的学分情况。如果某同学需要更改专业，则其数学成绩非常重要，需给数学成绩做加权处理，具体操作如下。

（1）在菜单栏中选择"数据"→"个案加权"命令，如图 3-8 所示。

（2）打开"个案加权"对话框，选择"个案加权数据"单选按钮，从左侧变量列表框中选择新建的"数据成绩"变量，单击左箭头按钮，移入"数学成绩"文本框中，单击"确定"按钮，完成加权处理，如图 3-9 所示。

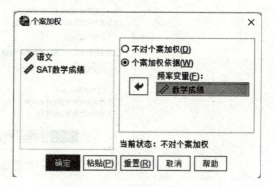

图 3-8　选择"个案加权"命令　　　图 3-9　"个案加权"对话框

（3）进行描述性统计分析。

对加权前的数据文件和加权后的数据文件进行描述性统计分析，输出描述统计量表格，如表 3-1、表 3-2 所示。对它们进行比较，则发现加权前的 $N=10$，加权后的 $N=755$。

表 3-1　描述统计量输出结果 1

项目	个案数	最小值	最大值	平均值	标准差
语文	10	56	90	76.300 0	11.431 44
数学成绩	10	64	90	75.500 0	10.803 81
有效个案数（成列）	10				

表 3-2　描述统计量输出结果 2

项目	个案数	最小值	最大值	平均值	标准差
语文	755	56	90	75.780 1	10.603 88
数学成绩	755	64	90	76.891 4	9.827 63
有效个案数（成列）	755				

4. 重新编码

变量值进行重新编码指的是将某一变量的观测值进行重新定义。例如，根据学生分数进行等级划分，根据分数段划分为"通过"和"不通过"两个等级。这里介绍重新编码为不同变量的情况。

（1）在菜单栏中选择"转换"→"重新编码为不同变量"命令，如图 3-10 所示。

图 3-10　选择"重新编码为不同变量"命令

（2）将变量"数学成绩"移入数字变量中，"名称"文本框中为新变量的名称，单击"确定"按钮，如图 3-11 所示。

（3）旧值表示我们选中的原始数据成绩变量中的值，新值则是我们重新定义的值，1 代表数学成绩高于 60 分的为通过，2 代表数学成绩低于 60 分的为不通过。"重新编码为不同变量："旧值和新值"对话框如图 3-12 所示，在"旧值"区域中选择对应的数值范围，然后在"新值"区域中选择对应的新的变量值。

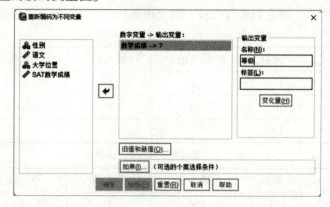

图 3-11 "重新编码为不同变量"对话框

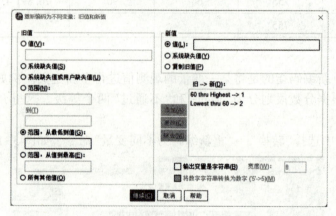

图 3-12 "重新编码为不同变量：旧值和新值"对话框

（4）单击"继续"按钮，会自动返回到"重新编码为不同变量"对话框，单击右侧的"变化量"按钮后再单击"确定"按钮即可。

图 3-13 为对数学成绩的不同分数重新编码数据的输出结果，等级 1 代表数学成绩高于 60 分（含 60 分），等级 2 代表数学成绩低于 60 分。

	性别	语文	数学成绩	大学位置	SAT数学成绩	等级
1	1	89.00	78.00	1.00	570.00	1.00
2	1	76.00	89.00	2.00	450.00	1.00
3	1	65.00	74.00	1.00	580.00	1.00
4	1	67.00	75.00	1.00	550.00	1.00
5	1	72.00	90.00	2.00	480.00	1.00
6	2	88.00	67.00	1.00	600.00	1.00
7	2	56.00	77.00	2.00	450.00	1.00
8	2	83.00	83.00	2.00	520.00	1.00
9	2	77.00	68.00	1.00	450.00	1.00
10	2	90.00	54.00	2.00	550.00	2.00
11						
12						

图 3-13 重新编码数据输出结果

(三)作图分析

1. 条形图

条形图是我们在 SPSS 中绘制的第一个图形。条形图表示分类变量的各类别频数,即观测值个数(条形图一般适用于分类变量)。我们将对性别绘制条形图,具体操作如下。

(1)从菜单栏中选择"图形"→"旧对话框"→"条形图"命令,如图 3-14 所示。

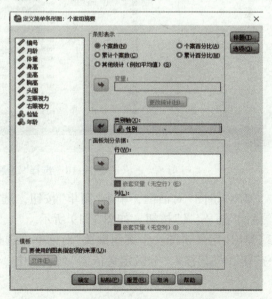

图 3-14　选择"条形图"命令

(2)弹出"条形图"对话框,然后单击"定义"按钮,如图 3-15 所示。

(3)弹出"定义简单条形图:个案组摘要"对话框,选择"性别"变量,并单击从上往下数第二个左箭头按钮,将其移入"类别轴"框中,如图 3-16 所示。

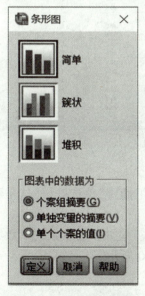

图 3-15　"条形图"对话框　　图 3-16　"定义简单条形图:个案组摘要"对话框

（4）单击"确定"按钮，性别条形图将出现在查看器窗口，如图3-17所示。

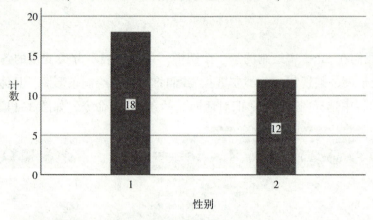

图3-17   性别条形图

2. 饼图

饼图是我们在 SPSS 中绘制的第五个图形。饼图表示分类变量的各类别频数，即观测值个数，并能显示各项的大小与各项总和的比例（饼图一般适用于分类变量）。我们将对性别绘制饼图，具体操作如下。

（1）从菜单栏中选择"图形"→"旧对话框"→"饼图"命令，如图3-18所示。

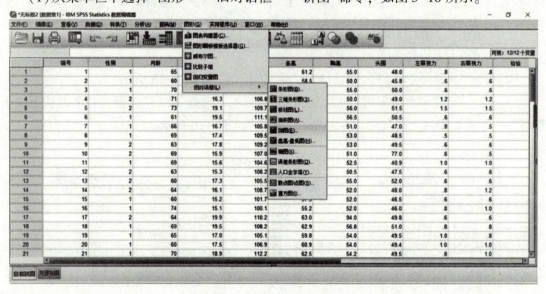

图3-18   选择"饼图"命令

（2）弹出"饼图"对话框，单击"简单"按钮，选择"个案组摘要"单选按钮（这是默认选项），然后单击"定义"按钮，如图3-19所示。

（3）弹出"定义饼图：个案组摘要"对话框，选择"性别"变量并单击从上往下数第二个右箭头按钮，将其移入"分区定义依据"列表框中，如图3-20所示。

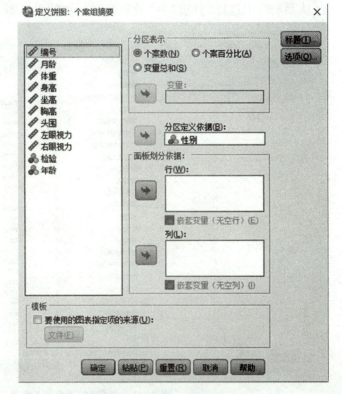

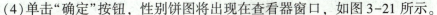

图3-19 "饼图"对话框   图3-20 "定义饼图：个案组摘要"对话框

（4）单击"确定"按钮，性别饼图将出现在查看器窗口，如图3-21所示。

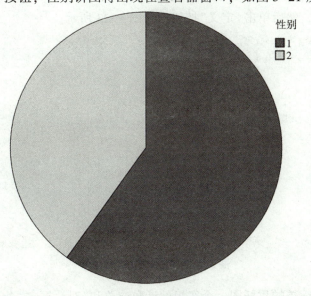

图3-21 性别饼图

3. 帕累托图

帕累托图是按各类别数据出现的频数多少排序后绘制的柱形图，主要用于展示分类数据的分布。

（1）从菜单栏中选择"分析"→"质量控制"→"帕累托图"命令，如图 3-22 所示。

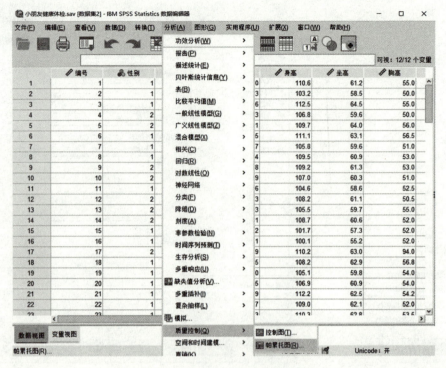

图 3-22　选择"帕累托图"命令

（2）弹出"帕累托图"对话框，单击"简单"按钮，选择"个案组的计数或总和"单选按钮（这是默认选项），然后单击"定义"按钮，如图 3-23 所示。

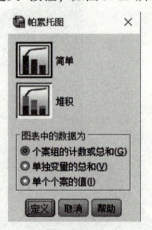

图 3-23　"帕累托图"对话框

（3）弹出"定义简单帕累托图：个案组的计数或总和"对话框，"条形表示"区域中选择"计数"单选按钮，如果选择"变量总和"单选按钮则表示利用某变量进行排序，如图 3-24 所示。

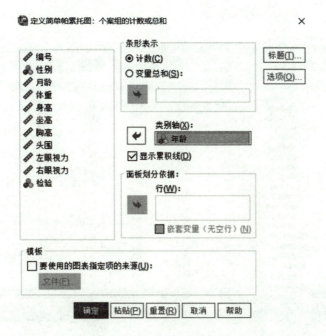

图3-24　"定义简单帕累托图：个案组的计数或总和"对话框

(4)单击"确定"按钮，年龄计数的帕累托图将出现在查看器窗口，如图3-25所示。

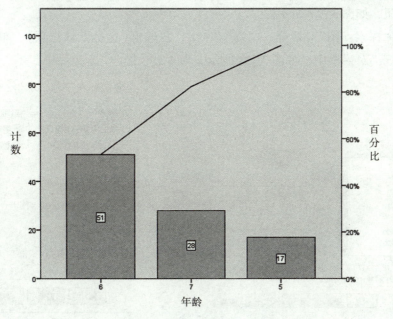

图3-25　年龄计数的帕累托图

4. 茎叶图

在原始数据数量不太多时，茎叶图可以很好地反映数据的分布状况，并且能够保留原始数据的信息。Excel没有提供创建茎叶图的功能，可在SPSS中进行操作，具体如下。

(1)在菜单栏中选择"分析"→"描述统计"→"探索"命令，可以完成茎叶图的绘制，如图 3-26 所示。

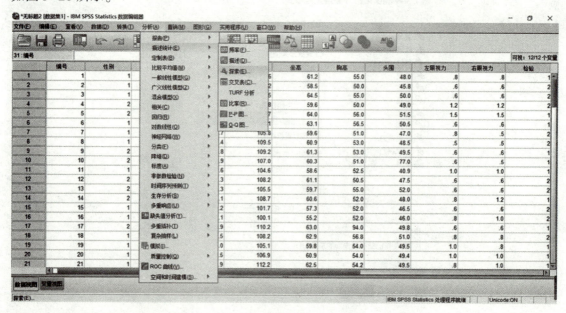

图 3-26　选择"探索"命令

（2）弹出"探索"对话框，在对话框中，将"体重"变量移入"因变量列表"列表框中，单击"图"按钮，如图 3-27 所示。

（3）弹出"探索：图"对话框。勾选"茎叶图"复选框（这是默认选项），单击"继续"按钮返回到"探索"对话框中，如图 3-28 所示。

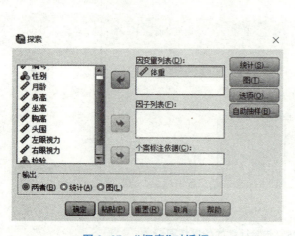

图 3-27　"探索"对话框

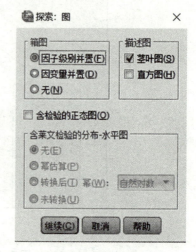

图 3-28　"探索：图"对话框

（4）单击"确定"按钮，体重的茎叶图将出现在查询器窗口，如图 3-29 所示。

体重 茎叶图

频率　Stem & 叶

```
1.00    14 . 4
8.00    15 . 12233689
4.00    16 . 1347
8.00    17 . 02334578
3.00    18 . 089
5.00    19 . 12559
1.00    20 . 6
```

主干宽度：　　1.0
每个叶：　　1 个案

图 3-29　体重的茎叶图

在茎叶图的输出中，第一组的茎为 14，叶为 1，茎的宽度为 1，说明这一组的实际数据只包含 1 个数值，即 14.4。SPSS 在绘制茎叶图时如果发现数据中有极端值，则会将其单独作为一组标出，而不作为茎叶图的一部分；如果数据位数很多，则可能会舍弃后面数据位的数值。

5. 箱图

接下来介绍如何在 SPSS 中绘制箱图。箱图所显示的变量信息包括数据中心（中位数）、中间 50% 的数据、整体取值范围和数据中是否有异常值（异常值点不能代表数据中的其他取值）。下面绘制数学成绩箱图。

（1）从菜单栏中选择"图形"→"旧对话框"→"箱图"命令，如图 3-30 所示。

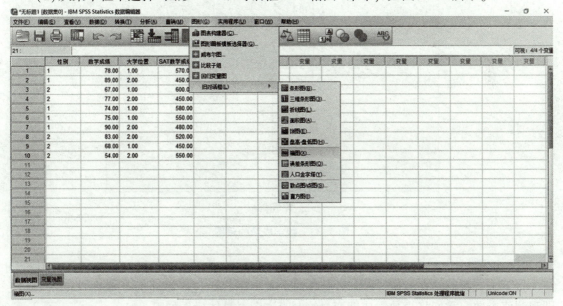

图 3-30　选择"箱图"命令

（2）弹出"箱图"对话框，单击"简单"按钮（这是默认选项）。在对话框中"图表中的数据为"区域选择"单独变量的摘要"单选按钮，如图 3-31 所示。单击"定义"按钮。

（3）弹出"定义简单箱图：单独变量的摘要"对话框。选择"数学成绩"变量并单击位于最上方的左箭头按钮，将其移入"变量"列表框，如图 3-32 所示。

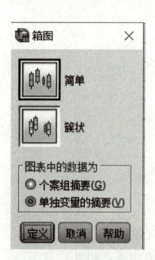

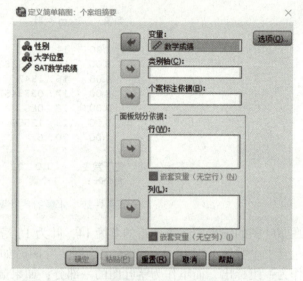

图 3-31 "箱图"对话框   图 3-32 "定义简单箱图：单独变量的摘要"对话框

（4）单击"确定"按钮，数学成绩的箱图将出现在查询器窗口，如图 3-33 所示。

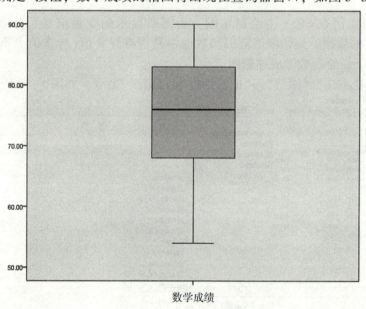

数学成绩

图 3-33 数学成绩的箱图

6. 直方图

接下来，我们将在 SPSS 中绘制直方图。直方图表示连续变量处于某些区间的频数，即观测值个数。我们将为数学成绩变量绘制直方图，具体操作如下。

（1）从菜单栏中选择"图形"→"旧对话框"→"直方图"命令，如图 3-34 所示。

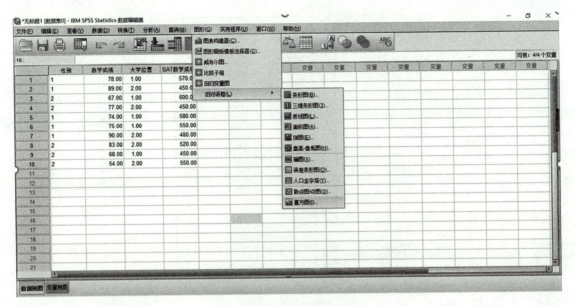

图 3-34　选择"直方图"命令

（2）弹出"直方图"对话框，选择"数学成绩"变量并单击最上方左箭头按钮，将其移入"变量"列表框中，如图 3-35 所示。

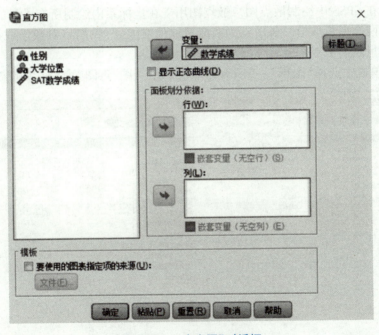

图 3-35　"直方图"对话框

（3）单击"确定"按钮，数学成绩的直方图将出现在查询器窗口，如图 3-36 所示。

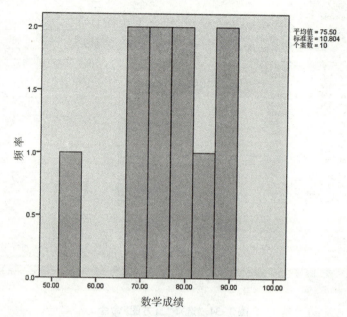

图 3-36　数据成绩的直方图

7. 散点图

接下来，在 SPSS 中绘制散点图。散点图用于在坐标系内绘制所有人员的坐标点（两坐标轴分别代表两个变量取值，各散点为两变量取值交点）。我们将对数学成绩和 SAT 数学成绩这两个变量绘制散点图，具体操作如下。

（1）从菜单栏中选择"图形"→"旧对话框"→"散点图/点图"命令，如图 3-37 所示。

图 3-37　选择"散点图/点图"命令

（2）弹出"散点图/点图"对话框，单击"简单散点图"按钮（这是默认选项）为数学成绩和 SAT 数学成绩绘制散点图。然后"单击"定义按钮，如图 3-38 所示。

（3）弹出"简单散点图"对话框，先选择"数学成绩"变量并单击最上方的左箭头按钮，将其移入"Y 轴"列表框，再选择"SAT 数学成绩"变量并单击从上往下数第二个左箭头按钮，将其移入"X 轴"列表框，如图3-39 所示。

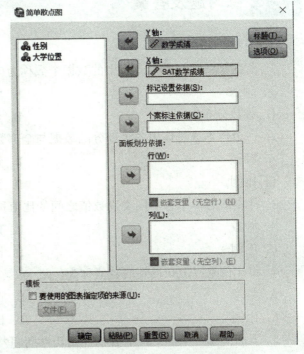

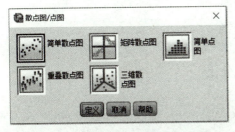

图 3-38 "散点图/点图"对话框   图 3-39 "简单散点图"对话框

（4）单击"确定"按钮，数学成绩和 SAT 数学成绩的散点图将出现在查询器窗口，如图 3-40 所示。

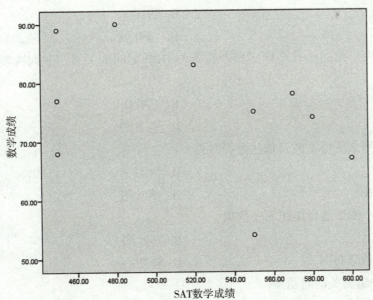

图 3-40 数学成绩与 SAT 数学成绩的散点图

三、练习题及答案

(一) 单项选择题

1. 落在某一特定类别或组中的数据个数称为( )。

A. 频数 　　　　　　　　　　　B. 频率

C. 频数分布表 　　　　　　　　D. 累积频数

2. 一个样本或总体中各个部分的数据与全部数据之比称为( )。

A. 频数 　　　　　　　　　　　B. 频率

C. 比例 　　　　　　　　　　　D. 比率

3. 样本或总体中各不同类别数值之间的比值称为( )。

A. 频数 　　　　　　　　　　　B. 频率

C. 比例 　　　　　　　　　　　D. 比率

4. 将比例乘以 100 得到的数值称为( )。

A. 频率 　　　　　　　　　　　B. 百分比

C. 比例 　　　　　　　　　　　D. 比率

5. 下面的哪一个图形最适合描述结构性问题? ( )

A. 条形图 　　　　　　　　　　B. 饼图

C. 雷达图 　　　　　　　　　　D. 直方图

6. 下面的哪一个图形适合比较研究两个或多个样本或总体的结构性问题? ( )

A. 环形图 　　　　　　　　　　B. 饼图

C. 直方图 　　　　　　　　　　D. 茎叶图

7. 用一个图形描述全社会固定资产投资与 GDP 之间的关系, 下列选项中最合适的是
( )。

A. 散点图 　　　　　　　　　　B. 茎叶图

C. 箱图 　　　　　　　　　　　D. 直方图

8. 下面的哪个图形不适合描述分类数据? ( )

A. 条形图 　　　　　　　　　　B. 饼图

C. 帕累托图 　　　　　　　　　D. 茎叶图

9. 下面哪个图形适合描述顺序数据? ( )

A. 直方图 　　　　　　　　　　B. 茎叶图

C. 累积频数分布图 　　　　　　D. 箱图

10. 统计分组的关键问题是( )。

A. 确定分组标志和划分各组界限 　　B. 确定组距和组数

C. 确定组距和组中值 　　　　　　　D. 确定全距和组距

11. 下图是根据 8 位销售员一个月内销售某产品的数量制作的茎叶图, 则销售量的众

数为(　　)。

```
茎 | 叶
4 | 5  5
5 | 2  6  7  8
6 | 0  3
```

A. 5   B. 5.75

C. 45   D. 55.75

12. 在建立趋势方程之前,首先要确定趋势的形态,最常用的方法是先画(　　)。

A. 散点图   B. 直方图

C. 条形图   D. 环形图

13. 组距、组限和组中值之间的关系,以下正确的是(　　)。

A. 组中值 =(上限值−下限值)÷2   B. 组距 =(上限值−下限)÷2

C. 组限 = 组中值÷2   D. 组中值 =(上限值+下限值)÷2

14. 将全部变量值依次划分为若干个区间,并将这一区间的变量值作为一组,这样的分组方法称为(　　)。

A. 单变量值分组   B. 组距分组

C. 等距分组   D. 连续分组

15. 组中值是(　　)。

A. 一个组的上限与下限之差   B. 一个组的上限与下限之间的中点值

C. 一个组的最小值   D. 一个组的最大值

16. 下面的图形中最适合描述一组数据分布的图形是(　　)。

A. 条形图   B. 箱图

C. 直方图   D. 饼图

17. 对于大批量的数据,最适合描述其分布的图形是(　　)。

A. 条形图   B. 茎叶图

C. 直方图   D. 饼图

18. 对于时间序列数据,用于描述其变化趋势的图形通常是(　　)。

A. 条形图   B. 直方图

C. 箱图   D. 线图

19. 为描述身高与体重之间是否有某种关系,适合采用的图形是(　　)。

A. 条形图   B. 对比条形图

C. 散点图   D. 箱图

(二)判断题

1. 数据的预处理是对数据分类或分组之前所做的必要处理,内容包括数据审核、筛选、排序等。   (　　)

2. 数据的审核就是检查数据中是否有错误。   (　　)

3. 二手数据的数据审核，应该着重审核数据的适用性和时效性。（　　）

4. 分类数据可以用频数分布表反映数据的分布特征。（　　）

5. 分类数据可以用条形图和直方图显示其分布特征。（　　）

6. 统计表由 4 个主要部分组成，即表头、行标题、列标题和数据资料。（　　）

7. 适用于顺序数据的整理与图示也适用于分类数据。（　　）

8. 适用于顺序数据的整理与图示也适用于数值型数据。（　　）

9. 累积频数是将各有序类别或组的频数逐级累加起来得到的频数。（　　）

10. 顺序数据可以使用条形图、饼图图示技术，还可以计算累积频数和累积频率（百分比）。（　　）

11. 多变量数据适合用散点图、气泡图和雷达图显示。（　　）

12. 原始数据适合用箱线图和直方图显示。（　　）

13. 数值型分组数据适合用直方图和条形图显示。（　　）

14. 箱图是根据一组数据的最大值、最小值、中位数和平均数绘制而成的。（　　）

15. 饼图和条形图不适用数值型数据的显示。（　　）

（三）分析题

1. 某高校抽取 100 名大学生对甲、乙两个食堂的满意度进行调查，情况如下图所示，试分析：

（1）图中使用数据的变量是什么类型？求对甲食堂满意程度的众数、中位数；

（2）请计算对甲食堂满意程度为一般及以下的频数；

（3）图中使用的是什么类型的图形？请比较条形图与直方图的区别。

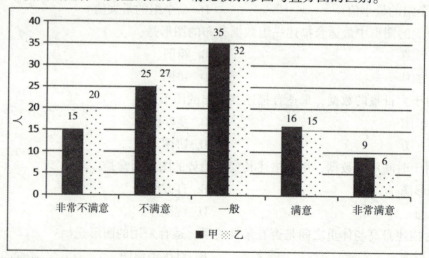

2. 下图是某公司的员工工龄数据的分布图，试分析：

（1）该图是条形图还是直方图？

（2）该公司一共有多少名员工？

（3）该公司工龄小于 6 年（不含 6）年的占比是多少？

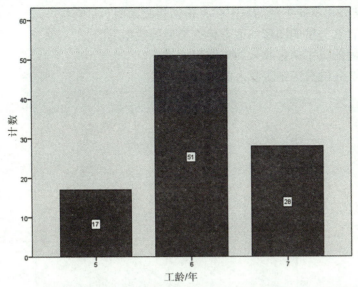

3. 下图为 2010—2019 年北京、天津现代农业综合测评指标，试分析：

(1) 该图属于什么类型的图形？适用于分析哪种类型的数据？

(2) 比对北京、天津现代农业综合测评指标，哪个城市的指标较高？

(3) 从图中还可以分析出哪些结论？

4. 某班一共有 100 人，男生、女生各 50 人，男女生期末统计学考试成绩的分布如下图所示，试分析：

(1) 该图是什么类型的图形？该图形的显示优势是什么？

(2) 男、女生统计学考试成绩为优秀的占比分别是多少？各有多少人？

(3) 该班统计学考试成绩为不及格的一共有多少人？

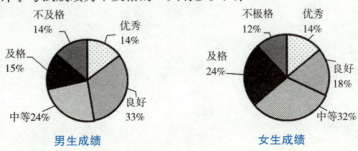

5. 下图是某公司不同工龄的员工一月份销售收入图，试分析：

（1）该图是什么类型的图形？适合什么类型的数据示图？

（2）哪组工龄的员工销售收入的离散程度最小？

（3）工龄为 7 年的员工销售收入的特点是什么？

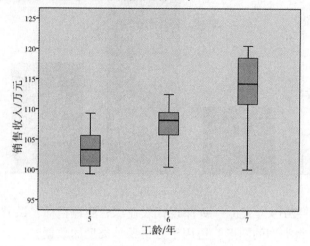

参考答案

(一) 单项选择题

1. A　　　2. C　　　3. D　　　4. B　　　5. B　　　6. A　　　7. A　　　8. D
9. C　　　10. A　　　11. C　　　12. A　　　13. D　　　14. B　　　15. B　　　16. C
17. C　　　18. D　　　19. C

(二) 判断题

1. √　　2. √　　3. √　　4. √　　5. ×　　6. √　　7. ×　　8. √
9. √　　10. √　　11. √　　12. ×　　13. ×　　14. ×　　15. ×

(三) 分析题

1. (1) 顺序型数据；M_o = 一般；M_e = 一般。

(2) 15+25+35 = 75(人)。

(3) 条形图。区别：①条形图长度表示各类别频数，宽度固定；直方图高度表示频数，宽度表示组距。②直方图是连续排列的；条形图是分开排列的。③条形图适用于分类数据图示；直方图应用于数值型数据图示。

2. (1) 条形图。

(2) 17+51+28 = 96(名)。

(3) 17÷96×100% = 17.71%。

3. (1) 线图；数值型数据(或时间序列数据)。

(2) 天津。

(3) 两个城市的现代农业综合测评指标波动式增长；北京在 2016 年的指标陷入最低谷；2015 年天津的指标有波峰。

4. (1) 饼图；可以显示各组成部分占总体的比例。

(2) 男生优秀占比为 14%，有 50×14% = 7(人)；女生优秀占比为 14%，有 50×14% = 7(人)。

(3) 50×12% +50×14% = 13(人)。

5. (1) 箱图；数值型数据。(2) 工龄5。(3) 离散程度最大；分布不对称。

一、描述性统计分析知识要点

(一) 学习目标

数据的处理和统计分析过程通常是从基本统计量的计算和描述开始的。学习本模块的目的在于对要分析数据的总体特征做出比较准确的把握，从而有助于进一步开展统计推断和数据建模工作。因此，首先要了解反映数据分布特征的各个代表值的概念、特点，进而掌握描述性特征量的计算与分析方法。

(二) 要点解析

1. 描述集中趋势的统计量

(1) 均值是常用统计量之一，也称平均数成平均值，是指一组数据所有的数据之和除以这组数据的个数。均值消除了观测值的随机波动，但易受极端值的影响。

(2) 众数是一组数据中出现次数最多的变量值，主要用于测度分类数据的集中趋势，也可以用来测量顺序数据、数值型数据的集中趋势。

(3) 中位数是一组数据排序后处于中间位置上的值，不受极端值影响。

(4) 四分位数也称四分位点，是指在统计学中把所有数值由小到大排列并分成四等份，处于 3 个分割点位置的数值。多应用于统计学中的箱图绘制。常用的四分位数包括下四分位数和上四分位数，分别为一组数据排序后处于 25% 和 75% 位置上的值。

2. 描述离散趋势的统计量

(1) 异众比率是分布数列中非众数组的频数与总频数之比。异众比率越大，说明非众数组的频数占总频数的比重越大，众数的代表性就越差；异众比率越小，说明非众数组的频数占总频数的比重越小，众数的代表性就越好。

(2) 四分位差也称内距或四分间距，它是上四分位数与下四分位数之差，反映了中间 50% 数据的离散程度，不受极端值的影响，用于衡量中位数的代表性。

(3) 全距也称极差，是指一组数据的最大值与最小值之差。它只能用于测量数值型数据的离散程度，分类数据和顺序数据不能使用。

（4）平均差也称平均绝对离差，是各变量值与其平均数的离差绝对值的平均数。它综合反映了总体各单位标志值的变动程度。平均差越大，表示数据离散程度越大，反之则表示数据离散程度越小。

（5）方差和标准差是测度数据变异程度的最重要、最常用的指标。方差又称均方，是各个数据与其算术平均数的离差平方的平均数，通常以 σ^2 表示总体方差，s^2 表示样本方差。标准差又称均方差或标准偏差，一般用 σ 表示总体标准差，s 表示样本标准差。

（6）离散系数通常是就标准差来计算的，因此，也称标准差系数。它是一组数据的标准差与其相应的均值之比，是测度数据离散程度的相对指标。

使用离散系数度量，可以消除变量值水平高低和因计量单位不同对离散程度测度值的影响。离散系数越大，说明该组数据的离散程度也就越大；离散系数越小，说明该组数据的离散程度也就越小。

3. 描述总体分布形态的统计量

（1）峰态。

测度峰态的统计量是峰态系数（简称峰度），记作 K。它通常分为 3 种情况：标准正态分布、尖峰分布和平峰分布。当 $K=0$ 时，数据分布的峰态与标准正态分布相同；当 $K<0$ 时，数据分布的峰态为平峰分布；当 $K>0$ 时，数据分布的峰态为尖峰分布。

（2）偏态。

偏态的测定是通过计算偏态系数（简称偏度）来实现的，通常用 SK 来表示。如果一组数据的分布是对称的，则偏态系数等于 0；如果偏态系数大于 0，则数据分布为右偏分布；如果偏态系数小于 0，则数据分布为左偏分布；若偏态系数大于 1 或小于 -1，则数据分布为高度偏态分布；若偏态系数为 0.5 ~ 1 或 -1 ~ -0.5，则数据分布为中等偏态分布；若偏态系数接近于 0，则数据分布的偏斜程度较低。

二、描述性统计分析 SPSS 实践

（一）频数分析

SPSS 频数分析过程可对许多类型的单变量数据进行，并且可以得到多个统计量与图形，包括数据的平均值、总和、标准差、最大值、最小值、方差、极差、标准误差平均值、峰度、偏度等统计量。

SPSS 频数分析基本操作步骤如下。

调取数据文件→在菜单栏选择"分析"→"描述统计"→"频率"命令→打开"频率"对话框→选择进行频数分析的变量→进入"频率：统计"对话框→选择需要计算的基本统计量→进入"频率：图表"对话框→选择图形类型→进入"频率：格式"对话框→选择输出格式。

（二）描述性分析

描述性分析可在一个统计表中显示多个变量的单变量综合统计量，包括样本大小、均值、最大值、最小值、标准差等。

描述性统计分析没有图形功能，也不能生成频率表，但它可以将原始数据标准化为 Z

分数，并以变量形式存入数据文件中，以便后续分析时应用。

SPSS 描述性分析基本操作步骤如下。

调取数据文件→在菜单栏选择"分析"→"描述统计"→"描述"命令打开"描述性"对话框→选择一个或多个变量添加进右侧的"变量"列表框→进入"描述：选项"对话框→选择"选项"中的选项→执行操作，取得结果。

（三）探索性分析

探索性分析是一种在对资料的性质、分布特点等完全不清楚的情况下，对变量进行更深入研究的描述性统计方法。在进行统计分析前，通常需要寻求和确定适合所研究问题的统计方法，SPSS 提供的探索性分析是解决此类问题的有效办法。

探索性分析适用的分析方法包括对数据进行初步考察，对数据分布的假设检验，对数据的初步直观分析。通过探索性分析，用户可以进行数据筛选、发现奇异值、进行描述性分析、进行假设检验等，有助于判定用哪种方法进行分析，选择数据转化的方法及其是否需要使用非参数检验。

SPSS 探索性分析基本操作步骤如下。

调取数据文件→在菜单栏中选择"分析"→"描述统计"→"探索"命令→打开"探索"对话框→选择一个或多个变量添加进右侧的"因变量"列表框→选择一个或多个变量添加进"因子列表"列表框→进入"探索：统计"对话框→选择"统计"中的选项→进入"探索：图"对话框→选择图形类型→进入"探索：选项"对话框→设定缺失值的处理方法→执行操作，取得结果。

（四）案例

现收集了 96 名儿童的体检数据，保存在文件 Child. sav 中，请根据该数据文件进行：①单变量频数分析；②描述性分析；③探索性分析。

1）单变量频数分析

（1）调取数据文件 Child. sav。

（2）打开"频率"对话框。

在菜单栏中选择"分析"→"描述统计"→"频率"命令，打开"频率"对话框，如图 4-1 所示。

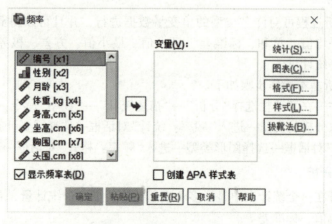

图 4-1 "频率"对话框

（3）选择进行频数分析的变量。

在对话框左侧列表框中选择一个或多个变量，将其加进右侧的"变量"列表框中。本例选择"体重"变量，如图4-2所示。

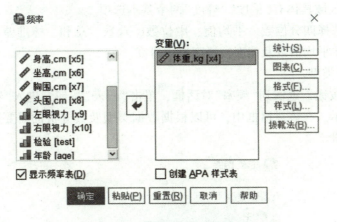

图4-2　添加频数分析变量

（4）选择所需计算的基本统计量。

单击"统计量"按钮，进入"频率：统计"对话框，如图4-3所示。在对话框中可以对拟频数分析的相关集中趋势、离散趋势、峰度偏度等指标进行选择。

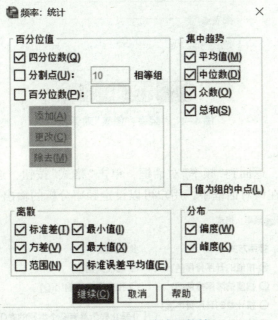

图4-3　"频率：统计"对话框

按照统计量性质划分，对话框中的基本统计量包括以下4种。

①在"百分位值"区域用于计算并显示分位数：四分位数，即上四分位数、下四分位数及其中位数；分割点，系统默认为10等分，即十分位数。用户也可以任意等分。百分位数，即用户可以指定任意百分位数。

②在"集中趋势"区域具体有"平均值""中位数""众数""总和"4个基本选项。

③在"离散"区域具体有"标准""方差""范围""最小值""最大值""标准误差平均值"等基本选项。

④在"分布"区域具体有"偏度""峰度"两个基本选项。

在本例中，选择四分位数、平均值、中位数、众数、总和、标准差、方差、最小值、最大值、标准误差平均值以及偏度、峰度进行研究。

（5）选择图形类型。

单击"继续"按钮，返回到"频率"对话框，单击"图表"按钮，进入"频率：图表"对话框，如图4-4所示。在该对话框中，可以根据数据类型及其分析的需要选择相应的图形。本例中选择直方图。

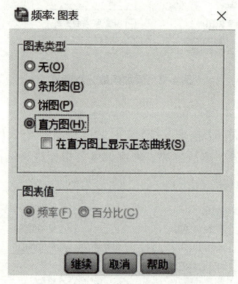

图4-4　"频率：图表"对话框

（6）选择输出格式。

单击"继续"按钮，返回到"频率"对话框，单击"格式"按钮，进入"频率：格式"对话框，如图4-5所示。在该对话框中，用户可以设定频率分析的输出格式。

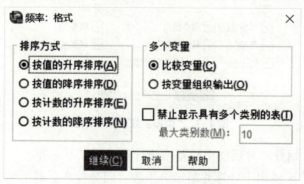

图4-5　"频率：格式"对话框

（7）执行操作。

单击"继续"按钮，返回到"频率"对话框，单击"确定"按钮，得到单变量频数分析的结果，如表 4-1 和图 4-6 所示。

表 4-1　统计量　　　　　　　　　　　　　　　　　　　　　　　　　kg

统计		
体重		
个案数	有效	96
	缺失	0
平均值	18.273	
平均值标准误差	0.3072	
中位数	17.650	
众数	17.5	
标准差	3.0097	
方差	9.058	
偏度	1.120	
偏度标准误差	0.246	
峰度	1.763	
峰度标准误差	0.488	
最小值	13.0	
最大值	30.0	

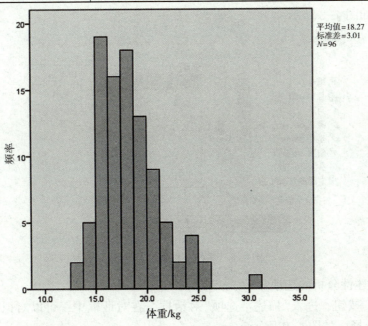

图 4-6　96 名儿童体重的直方图

从表4-1和图4-6中可以看出，96名儿童体重的单变量频数分析的统计量包括平均值18.273 kg、中位数17.650 kg、众数17.5 kg、标准差3.009 7 kg、方差9.058 kg、最小值13.0 kg、最大值30.0 kg。

频数的分布形态：偏度1.120>1，表示高度右偏；峰度1.763>0，表示尖峰分布。

2）描述性分析

（1）调取数据文件Child. sav。

（2）打开"描述"对话框。

在菜单栏中选择"分析"→"描述统计"→"描述"命令，打开"描述"对话框，如图4-7所示。

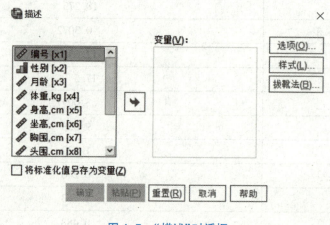

图4-7 "描述"对话框

（3）选择进行描述性分析的变量。

在对话框左侧列表框中选择一个或多个变量添加进右侧的"变量"列表框中。本例选择"体重"变量，如图4-8所示。

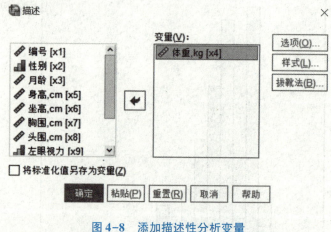

图4-8 添加描述性分析变量

（4）选择描述性分析的选项。

单击"选项"按钮，进入"描述：选项"对话框，在对话框中，可以对拟描述性分析的相关指标进行选择，如图4-9所示。

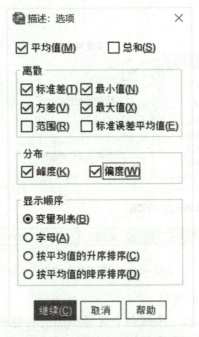

图4-9 "描述：选项"对话框

(5)执行操作。

单击"继续"按钮，返回到"描述"对话框，单击"确定"按钮，得到描述性分析的结果，如表4-2所示。

表4-2 描述性分析的结果 　　　　　　　　　　　　　　　　　　　　　　　　　　kg

项目	N	最小值	最大值	平均值	标准差	方差	偏度		峰度	
	统计	统计	统计	统计	统计	统计	统计	标准误差	统计	标准误差
体重	96	13.0	30.0	18.273	3.0097	9.058	1.120	0.246	1.763	0.488
有效个案数(成列)	96									

此外，在描述性分析时，如果用户想对原始数据进行标准化处理，并将标准化值保留在变量中，可以勾选"描述对话框"左下方"将标准化得分另存为变量"复选框。勾选后，系统会将用户选定的变量进行标准化处理，并将结果保存在原始数据文件中。

从表4-2中可以看出，96名儿童体重平均值为18.273 kg、中位数为17.650 kg、众数为17.5 kg、标准差为3.0097 kg、方差为9.058 kg、最小值为13.0 kg、最大值为30.0 kg。偏度 $1.120 > 1$，表示高度右偏；峰度 $1.763 > 0$，表示尖峰分布。

3)探索性分析

(1)调取数据文件 Child.sav。

(2)打开探索性分析对话框。

在菜单栏中选择"分析"→"描述统计"→"探索"命令，打开"探索"对话框，如图4-10所示。

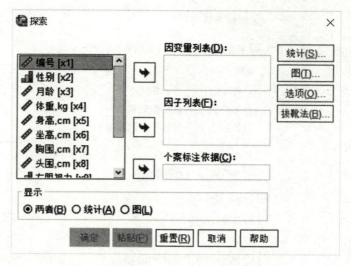

图4-10 "探索"对话框

（3）选择进行探索性分析的变量。

在对话框左侧列表框中选择一个或多个变量添加进右侧的"因变量"列表，列表框中，再选择一个或多个变量添加进"因子列表"列表框。本例因变量选择"体重"，因子变量选择"性别"，如图4-11所示。

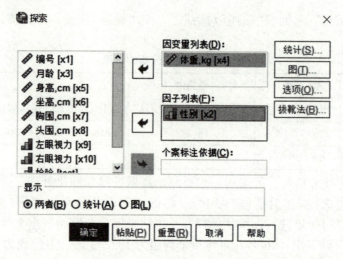

图4-11 添加探索性分析变量

（4）选择探索性分析的选项。

单击"统计"按钮，进入"探索：统计"对话框，如图4-12所示。在对话框中，可以对拟探索性分析的相关指标进行选择。

①描述统计量，显示集中趋势、离散趋势及其分布形态的统计量。

②M-估计量，样本平均数或中位数位置参数的稳健最大似然估计值，可以显示休伯M估计量、图基双权、汉佩尔M估计量、安德鲁波等。

③离群值，显示5个最高与最低的观察值，并显示个案标识。

④百分位数，显示第5、10、25、50、75、90、95百分位数。

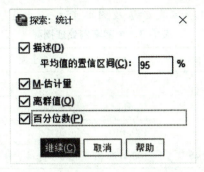

图4-12 "探索：统计"对话框

(5)选择图形类型。

单击"继续"按钮，返回到"探索"对话框，单击"绘图"按钮，打开"探索：图"对话框，在该对话框中，可以根据数据类型及其分析的需要选择相应的图形，如图4-13所示。

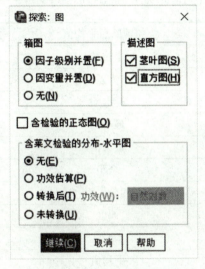

图4-13 "探索：图"对话框

(6)设定缺失值的处理方法。

单击"继续"按钮，返回到"探索"对话框，单击"选项"按钮，打开"探索：选项"对话框，如图4-14所示。该对话框主要是设定缺失值的处理方法，其次是在所有分析中剔除因变量或因子变量中含有缺失值的个案；在分析时，剔除此分析中含有的缺失值；将因子变量中含有缺失值的个案作为一个独立的分类处理，在结果中将产生一个附加分类。

图4-14 "探索：选项"对话框

探索性分析的结果如表 4-3 ~ 表 4-7 及图 4-15 ~ 图 4-17 所示。

表 4-3　个案案例处理摘要　　　　　　　　　　　　　　　kg

项目	性别	个案					
		有效		缺失		总计	
		个案数	百分比	个案数	百分比	个案数	百分比
体重	1-男	50	100.0%	0	0.0%	50	100.0%
	2-女	46	100.0%	0	0.0%	46	100.0%

表 4-4　描述性统计量　　　　　　　　　　　　　　　kg

		性别		统计	标准错误
体重	1-男	平均值		18.192	0.395 6
		平均值的 95% 置信区间	下限	17.397	
			上限	18.987	
		5% 剪除后平均值		18.037	
		中位数		17.500	
		方差		7.823	
		标准差		2.797 0	
		最小值		13.0	
		最大值		25.6	
		全距		12.6	
		四分位距		3.5	
		偏度		0.822	0.337
		峰度		0.474	0.662
	2-女	平均值		18.361	0.479 8
		平均值的 95% 置信区间	下限	17.395	
			上限	19.327	
		5% 剪除后平均值		18.130	
		中位数		17.750	
		方差		10.589	
		标准差		3.254 1	
		最小值		13.6	
		最大值		30.0	
		全距		16.4	
		四分位距		3.8	
		偏度		1.322	0.350
		峰度		2.538	0.688

表 4-5　M 估计量　　　　　　　　　　　　　　　　　　　kg

项目	性别	休伯 M 估计量[a]	图基双权[b]	汉佩尔 M 估计量[c]	安德鲁波[d]
体重	1-男	17.800	17.674	17.892	17.661
	2-女	17.833	17.604	17.806	17.593

a. 加权常量为 1.339。

b. 加权常量为 4.685。

c. 加权常量为 1.700、3.400 和 8.500。

d. 加权常量为 1.340π。

表 4-6　百分位数　　　　　　　　　　　　　　　　　　　kg

		性别	百分位数						
			5	10	25	50	75	90	95
加权平均（定义1）	体重	1-男	14.785	15.110	16.075	17.500	19.625	21.800	24.825
		2-女	14.180	14.840	16.100	17.750	19.925	23.320	24.660
图基枢纽	体重	1-男			16.100	17.500	19.500		
		2-女			16.100	17.750	19.900		

表 4-7　极值　　　　　　　　　　　　　　　　　　　kg

	性别			个案号	值
体重	1-男	最高	1	94	25.6
			2	96	25.1
			3	85	24.6
			4	74	22.8
			5	92	21.8[a]
		最小值	1	24	13.0
			2	5	14.4
			3	36	15.1
			4	4	15.1
			5	3	15.1
	2-女	最高	1	90	30.0
			2	63	24.8
			3	80	24.4
			4	95	24.3
			5	89	22.9
		最小值	1	29	13.6
			2	6	13.9
			3	10	14.7
			4	2	14.7
			5	17	14.9

a. 在较大极值的表中，仅显示了不完整的个案列表（这些个案的值为 21.8）。

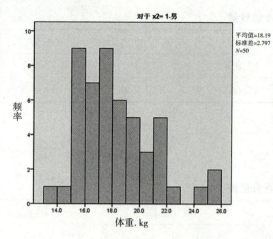
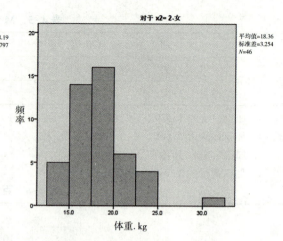

图 4-15　96 名儿童体重的直方图

体重,kg 茎叶图:
x2= 1-男

频率	Stem & 叶
1.00	13 . 0
1.00	14 . 4
9.00	15 . 111223369
7.00	16 . 0146677
9.00	17 . 023345557
6.00	18 . 022339
5.00	19 . 13555
3.00	20 . 056
5.00	21 . 00388
1.00	22 . 8
3.00	极值 (>=24.6)

主干宽度:　1.0
每个叶:　　1个案

体重,kg 茎叶图:
x2= 2-女

频率	Stem & 叶
2.00	13 . 69
3.00	14 . 779
5.00	15 . 02389
7.00	16 . 1123349
8.00	17 . 23556789
5.00	18 . 01388
5.00	19 . 12379
4.00	20 . 0089
1.00	21 . 5
2.00	22 . 09
.00	23 .
3.00	24 . 348
1.00	极值 (>=30.0)

主干宽度:　1.0
每个叶:　　1个案

图 4-16　96 名儿童体重的茎叶图

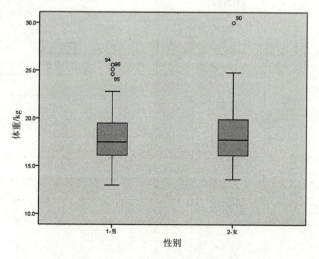

图 4-17　96 名儿童体重的箱图

三、练习题及答案

(一) 单项选择题

1. 一组数据中出现频数最多的变量值称为(　　)。

A. 众数　　　　　　　　　　　　　B. 中位数

C. 四分位数　　　　　　　　　　　D. 平均数

2. 下列关于众数的叙述,不正确的是(　　)。

A. 一组数据可能存在多个众数　　　B. 众数主要适用于分类数据

C. 一组数据的众数是唯一的　　　　D. 众数不受极端值的影响

3. 四分位差是(　　)。

A. 上四分位数减下四分位数的结果　　B. 下四分位数减上四分位数的结果

C. 下四分位数加上四分位数　　　　D. 下四分位数与上四分位数的中间值

4. 一组数据的最大值与最小值之差称为(　　)。

A. 平均差　　　　　　　　　　　　B. 标准差

C. 极差　　　　　　　　　　　　　D. 四分位差

5. 离散系数的主要用途是(　　)。

A. 反映一组数据的离散程度　　　　B. 反映一组数据的平均水平

C. 比较多组数据的离散程度　　　　D. 比较多组数据的平均水平

6. 比较两组数据的离散程度最适合的统计量是(　　)。

A. 极差　　　　　　　　　　　　　B. 平均差

C. 标准差　　　　　　　　　　　　D. 离散系数

7. 偏态系数测度了数据分布的非对称性程度。如果一组数据的分布是对称的,则偏态系数(　　)。

A. 等于 0　　　　　　　　　　　　B. 等于 1

C. 大于 0　　　　　　　　　　　　D. 大于 1

8. 如果一组数据分布的偏态系数在 0.5 ~ 1 或 -1 ~ -0.5,则表明该组数据属于(　　)。

A. 对称分布　　　　　　　　　　　B. 中等偏态分布

C. 高度偏态分布　　　　　　　　　D. 轻微偏态分布

9. 峰态通常是与标准正态分布相比较而言的。如果一组数据服从标准正态分布,则峰态系数的值(　　)。

A. 等于 0　　　　　　　　　　　　B. 大于 0

C. 小于 0　　　　　　　　　　　　D. 等于 1

10. 某班共有 25 名学生,期末统计学课程的考试分数分别为 68,73,66,76,86,74,61,89,65,90,69,67,76,62,81,63,68,81,70,73,60,87,75,64,56,该班考试分数的下四分位数和上四分位数分别是(　　)。

A. 64.5 和 78.5　　　　　　　　　B. 67.5 和 71.5

C. 64.5 和 71.5　　　　　　　　　D. 64.5 和 67.5

11. 假定一个样本由 5 个数据组成：3，7，8，9，13，则该样本的方差为（   ）。

    A. 8   B. 13

    C. 9.7   D. 10.4

12. 在某行业中随机抽取 10 家企业，第一季度的利润额（单位：万元）分别是 72，63.1，54.7，54.3，29，26.9，25，23.9，23，20，则该组数据的标准差为（   ）。

    A. 28.46   B. 19.54

    C. 27.95   D. 381.94

13. 某班学生的统计学平均成绩是 70 分，最高分是 96 分，最低分是 62 分，根据这些信息，可以计算的测度离散程度的统计量是（   ）。

    A. 方差   B. 极差

    C. 标准差   D. 变异系数

14. 对某个高速路段驶过的 120 辆汽车的车速进行测量后发现，平均车速是 85 km/h，标准差是 4 km/h，下列哪个车速可以看作异常值？（   ）

    A. 78 km/h   B. 82 km/h

    C. 91 km/h   D. 98 km/h

15. 某班学生的平均成绩是 80 分，标准差是 10 分。如果已知该班学生的考试分数为对称分布，则可以判断成绩在 60～100 分的学生大约占（   ）

    A. 95%   B. 89%

    C. 68%   D. 99%

（二）判断题

1. 集中趋势是指一组数据向其中心值靠拢的程度、倾向，测度集中趋势也就是寻找数据一般水平的代表值或中心值。（   ）

2. 低层次数据的测度值适用于高层次的测量数据，但高层次数据的测度值并不适用于低层次的测量数据。（   ）

3. 一组数据中出现次数最多的变量值即为众数。（   ）

4. 将全部数据等分为两部分，每部分包含 50% 的数据，一半小于中位数，一半大于中位数。（   ）

5. 四分位数主要用于顺序数据，也可用于数值型数据，但不能用于分类数据。（   ）

6. 根据未分组数据计算四分位数时，也要先对数据进行排序，然后确定四分位数的位置，最后确定四分位数的具体数值。（   ）

7. 标准分数可以用来判断一组数据是否有离群值。（   ）

8. 当一组数据对称分布时，经验法则表明：约有 68% 的数据在平均数加减 1 个标准差的范围内。（   ）

9. 已知两个同类型企业的职工工资水平的标准差分别是 5 元/人、6 元/人，则甲乙两个企业职工平均工资的代表性是甲企业大于乙企业。（   ）

10. 对于右偏分布，平均数、中位数和众数之间的关系是，众数＞中位数＞平均数。（   ）

（三）简答题

1. 一组数据的分布特征可以从哪几个方面进行测度？

2. 简述众数、中位数和平均数的特点。

3. 为什么要计算离散系数？

4. 测度不同类型数据的集中趋势和离散程度的指标有哪些？

5. 测度数据分布形状的统计量有哪些？

（四）计算题

1. 为调查某企业职工的人均月收入情况，随机抽取 9 名员工的人均月收入（单位：万元）：1.5　0.75　0.75　1.08　0.85　0.96　2　1.25　1.63

试求：9 名员工的人均月收入的平均数、众数、中位数和四分位数。

2. 一家网吧想了解上网人员的年龄分布状况，随机抽取 25 人，得到他们的年龄数据如下：

15　19　22　24　30　16　19　22　24　31　17　20　23　25　34　18　20　23　27
38　19　21　23　29　41

试求：该组数据的极差、中位数、众数、四分位数。

3. 下表为某班级考试成绩，试求：

考试成绩	频数/人
优	4
良	11
中	8
及格	6
不及格	1
合计	30

（1）了解班级大部分学生的成绩情况；

（2）了解该班级考试成绩的中位数。

4. 在甲公司随机抽取 12 人，调查得到每个人的人均月收入（单位：元）数据。试求出该公司人均月收入的中位数、众数、平均数。

2 000　2 200　2 500　2 700　2 600　1 800　2 600　2 500　1 800　3 300　2 800　3 400

5. 某管理局抽查了所属的 8 家企业，其产品销售数据如下表所示。试比较产品销售额与销售利润的离散程度。

企业编号	产品销售额/万元 X_1	销售利润/万元 X_2
1	170	8.1
2	220	12.5
3	390	18.0
4	430	22.0

续表

企业编号	产品销售额/万元 X_1	销售利润/万元 X_2
5	480	26.5
6	650	40.0
7	950	64.0
8	1 000	69.0

6. 下表为高校男生吸烟原因频数分布，试求：

吸烟原因	频数/人
受朋友同学影响	25
模仿偶像	7
好奇、感觉时尚	18
受了挫折	22
合计	72

（1）高校男生"吸烟原因"的众数。

（2）异众比率，并做出分析

7. 一项关于大学生体重状况的研究发现，男生的平均体重为 60 kg，标准差为 5 kg；女生的平均体重为 50 kg，标准差为 5 kg。试求：

（1）上述研究表明是男生的体重差异大还是女生的体重差异大？为什么？

（2）以磅为单位（1 kg=2.2 磅），求体重的平均数和标准差。

（3）男生中体重在 55~65 kg 的占比为多少？

（4）女生中体重在 40~60 kg 的占比为多少？

参考答案

（一）单项选择题

1. A　　2. C　　3. A　　4. C　　5. C　　6. D　　7. A　　8. B
9. A　　10. A　　11. B　　12. B　　13. B　　14. D　　15. A

（二）判断题

1. √　　2. √　　3. √　　4. √　　5. √　　6. √　　7. √　　8. √
9. ×　　10. ×

（三）简答题

略

（四）计算题

1.（1）平均数：$\bar{x} = \dfrac{x_1 + x_2 + \cdots + x_n}{n} = \dfrac{\sum\limits_{i=1}^{n} x_i}{n} = 1.197$

（2）众数：$M_o = 0.75$

（3）中位数的位置 $= \dfrac{n+1}{2} = \dfrac{9+1}{2} = 5$，$M_e = 1.08$

（4）上四分位数位置 $= \dfrac{n+1}{4} = \dfrac{10}{4} = 2.5$

下四分位数位置 $= \dfrac{3(n+1)}{4} = \dfrac{3 \times 10}{4} = 7.5$

$Q_L = 0.75 + (0.85 - 0.75) \times 0.5 = 0.8$

$Q_U = 1.5 + (1.63 - 1.5) \times 0.5 = 1.565$

2. 对表中数据按从小到大顺序排列后可得到：

极差 $= 41 - 15 = 26$

中位数的位置 $= \dfrac{n+1}{2} = \dfrac{25+1}{2} = 13$，所以 $M_e = 23$

众数 $M_o = 19$，23

下四分位数的位置 $= \dfrac{n+1}{4} = \dfrac{26}{4} = 6.5$，$Q_L = 19$

上四分位数的位置 $= \dfrac{3(n+1)}{4} = \dfrac{3 \times 26}{4} = 19.5$，$Q_U = 28$

3.（1）想知道大部分学生的成绩情况可以通过众数来分析。众数 $M_o =$ 良。

（2）从下表所示的考试成绩的分布表累积频数中可以看到，中位数在"中"这一类中，因此中位数等于"中"，即 $M_e =$ 中。

考试成绩	频数/人	累积频数/人
优	4	4
良	11	15
中	8	23
及格	6	29
不及格	1	30
合计	30	

4.（1）首先将数据排序，结果如下：

1 800　1 800　2 000　2 200　2 500　2 500　2 600　2 600　2 700　2 800　3 300　3 400

中位数位置 $= \dfrac{n+1}{2} = \dfrac{12+1}{2} = 6.5$

所以中位数为 $M_e = \dfrac{2\,500 + 2\,600}{2} = 2\,550$

（2）本组数据的众数有 3 个，M_e 分别是 1 800、2 500、2 600

（3）$\bar{x} = \dfrac{2\,000 + 2\,200 + 2\,500 + \cdots + 2\,800 + 3\,400}{12} = 2\,516.67$

5. 由于产品销售额与利润额的数据水平不同，不能直接用标准差进行比较，需要计算离散系数。由表中数据计算得

$x_1 = 536.25 \qquad s_1 = 309.19 \qquad v_1 = \dfrac{309.19}{536.25} = 0.577$

$x_2 = 32.512\,5 \qquad s_2 = 23.09 \qquad v_2 = \dfrac{23.09}{32.512\,5} = 0.710$

计算结果表明，$v_1 < v_2$，说明产品销售额的离散程度小于销售利润的离散程度。

6.（1）在所调查的 72 人中"受朋友同学影响"的人数最多，为 25 人，因此众数为"受朋友同学影响"，即 $M_o =$ 受朋友同学影响。

（2）根据公式，得

$$V_r = \frac{\sum f_i - f_m}{\sum f_i} = \frac{72 - 25}{72} = 65\%$$

这说明在调查的 72 人当中，高校男生吸烟的原因中除受朋友同学影响以外的其他原因占 65%，异众比率比较大。因此，用"受朋友同学影响"来代表高校男生吸烟原因的状况，其代表性不是很好。

7.（1）女生。因为标准差一样，而男生的平均值大，所以，男生的离散系数小，离散程度小。

（2）男生的平均体重为 60 kg×2.21 = 132.6 磅，标准差为 5 kg×2.21 = 11.05 磅；女生的平均体重为 50 kg×2.21 = 110.5 磅，标准差为 5 kg×2.21 = 11.05 磅。

（3）标准分数：

$Z_1 = \dfrac{x - \bar{x}}{s} = \dfrac{55 - 60}{5} = -1$；$Z_2 = \dfrac{x - \bar{x}}{s} = \dfrac{65 - 60}{5} = 1$

根据经验规则，男生中体重在 55 ~ 65 kg 的人数占 68%。

(4)标准分数:

$$Z_1 = \frac{x - \bar{x}}{s} = \frac{40 - 50}{5} = -2 \; ; \; Z_2 = \frac{x - \bar{x}}{s} = \frac{60 - 50}{5} = 2$$

根据经验规则,女生中体重在 40~60 kg 的人数占 95%。

参数估计

一、参数估计知识要点

（一）学习目标

（1）了解常用的抽样方法。

（2）理解参数估计的基本原理。

（3）熟练掌握总体参数的区间估计。

（4）熟练掌握使用 SPSS 统计软件进行点估计和区间估计的方法。

（二）要点解析

1. 抽样方法

1）简单随机抽样

简单随机抽样也称纯随机抽样，是指在进行抽样时，对总体不经过任何形式的整理和加工，完全凭借偶然的机会从总体中抽取样本单位的抽样方式。具体做法主要有以下3 种。

（1）直接抽选法。这种方法是指直接从调查对象中随机抽选。

（2）抽签法。抽签法适用于总体单位数较少的总体。

（3）查随机数表法。所谓随机数表，是指含有一系列组别的随机数字的表格。

2）分层抽样

分层抽样是运用统计分组法，把总体按主要标志划分为若干层（或组），然后在各组中再按随机原则抽取样本单位的抽样方式。

3）等距抽样

等距抽样又称机械抽样或系统抽样，它是事先将总体各单位按某一标志排列，然后依固定顺序和间隔抽选调查单位的一种抽样方式。

4）整群抽样

整群抽样是将总体各单位划分为若干群，然后以群为单位，从中随机抽取一些群，对选中的群的所有单位进行全面调查的抽样方式。

5）多阶段抽样

多阶段抽样是指将总体进行多层次分组，然后依次在各层次中随机抽样，直到抽到总体单位的抽样方式。

以上抽样方法属于概率抽样，非概率抽样有方便抽样、判断抽样、自愿样本、滚雪球抽样、配额抽样等。方便抽样在调查过程中，调查员依据方便的原则自行确定作为样本的单位。判断抽样是指研究人员根据经验、判断和对研究对象的了解，有目的地选择一些单位作为样本。自愿样本是指被调查者自愿参加，成为样本中的一分子，向调查人员提供有关信息。滚雪球抽样首先选择一组调查单位，对其实施调查后再请他们提供另外一些属于研究总体的调查对象，调查人员根据所提供的线索继续进行调查。配额抽样类似于概率抽样中的分层抽样。

2. 参数估计

1）中心极限定理

中心极限定理是指从均值为 μ，方差为 σ^2 的任意一个总体中抽取样本量为 n 的样本，当 n 充分大（通常 $n \geq 30$）时，样本均值 $\bar{x}$ 的抽样分布近似服从均值为 μ，方差为 σ^2/n 的正态分布。

2）样本均值 $\bar{x}$ 的抽样分布

样本均值 $\bar{x}$ 的抽样分布为

$$E(\bar{x}) = \mu$$
$$D(\bar{x}) = \sigma^2/n$$

3）样本比例 p 的抽样分布

样本比例 p 的抽样分布为

$$E(p) = \pi$$
$$D(p) = \pi(1 - \pi)/n$$

4）点估计

点估计是指在进行总体参数估计时，用一个样本统计量 $\hat{\theta}$ 的某个取值直接作为总体参数 θ 的估计值。

5）区间估计

区间估计是在点估计的基础上，根据样本统计量构造出一个随机区间来估计总体参数，并以一定的概率保证总体参数在所估计的区间内。该区间通常是由样本统计量加减估计误差得到的。

6）一个总体均值的区间估计

（1）总体方差 σ^2 已知。总体均值 μ 在 $1-\alpha$ 的置信水平下的置信区间为

$$\left(\bar{x} \pm z_{\alpha/2}\frac{\sigma}{\sqrt{n}}\right) \text{ 或 } \left(\bar{x} - z_{\alpha/2}\frac{\sigma}{\sqrt{n}}, \ \bar{x} + z_{\alpha/2}\frac{\sigma}{\sqrt{n}}\right)$$

（2）总体方差 σ^2 未知、大样本。总体均值 μ 在 $1 - \alpha$ 的置信水平下的置信区间为

$$\left(\bar{x} \pm z_{\alpha/2}\frac{s}{\sqrt{n}}\right) \text{ 或 } \left(\bar{x} - z_{\alpha/2}\frac{s}{\sqrt{n}}, \ \bar{x} + z_{\alpha/2}\frac{s}{\sqrt{n}}\right)$$

（3）总体方差 σ^2 未知、小样本。总体均值 μ 在 $1 - \alpha$ 的置信水平下的置信区间为

$$\left(\bar{x} \pm t_{\alpha/2}\frac{s}{\sqrt{n}}\right) \text{ 或 } \left(\bar{x} - t_{\alpha/2}\frac{s}{\sqrt{n}}, \ \bar{x} + t_{\alpha/2}\frac{s}{\sqrt{n}}\right)$$

7)一个总体比例的区间估计

由于在估计总体比例时，总体比例 π 是未知的，我们用样本比例 p 代替 π，则总体比例 π 在 $1-\alpha$ 的置信水平下的置信区间为

$$p \pm z_{\alpha/2}\sqrt{p(1-p)/n}$$

8)样本容量的确定

(1)估计总体均值时样本容量的确定

总体均值的置信区间由样本均值 $\bar{x}$ 和边际误差 E，即 $z_{\alpha/2}\dfrac{\sigma}{\sqrt{n}}$ 两部分组成。在重复抽样条件下，样本容量的计算公式为

$$n = \frac{z_{\alpha/2}^2\sigma^2}{E^2}$$

(2)估计总体比例时样本容量的确定

总体比例的置信区间由样本比例 p 和边际误差 E，即 $z_{\alpha/2}\sqrt{\dfrac{\pi(1-\pi)}{n}}$ 两部分组成。在重复抽样条件下，样本容量的计算公式为

$$n = \frac{z_{\alpha/2}^2\pi(1-\pi)}{E^2}$$

二、参数估计 SPSS 实践

(一)基本原理

在实际问题中，人们常常可以大致判断出总体分布的类型(例如，由大量的小的随机因素组成的随机变量，服从正态分布)，却难以直观地判断出总体分布的参数(如均值、方差等)，这就需要用样本来推断总体分布的这些参数，这就是所谓的参数估计。

参数估计分为点估计与区间估计：点估计，是用样本分布的某一函数值来估计总体分布中的未知参数；区间估计，是(以一定概率)把总体分布的参数确定在由样本所决定的某一区间内。

(二)案例

某班级 32 名学生的身高数据(单位：cm)如下所示，试计算出学生身高的均值、方差、标准差和置信程度为 95% 时，学生身高均值的置信区间。

175　170　172　165　176　169　158　166　158　165　176　169　171　182　177
178　181　185　168　175　180　176　160　178　186　190　177　183　173　169
171　170

1. 用频数分析模块来做点估计

(1)SPSS 操作步骤如下。

①启动 SPSS，调入样本值。

②在菜单栏中选择"分析"→"描述统计"→"频率"命令，进入频数分析模块。

③在频数分析模块的主窗口，即"频率"对话框中，如图 5-1 所示，把"身高"变量添加进右侧的"变量"列表框中。单击"统计"按钮，弹出"频率：统计"对话框，在对话框中，勾选"标准差""方差"和"平均值"复选框，如图 5-2 所示。

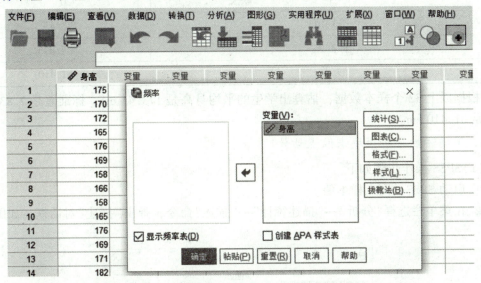

图 5-1　"频率"对话框

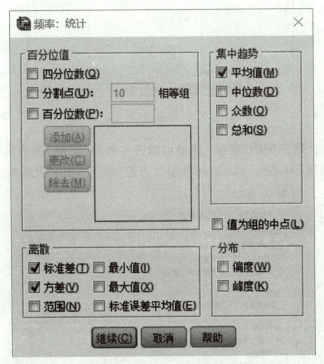

图 5-2　"频率：统计"对话框

④单击"继续"按钮返回到"频率"对话框，单击"确定"按钮，输出结果。

（2）输出结果及分析。输出结果如表 5-1 所示。

表 5-1　频数分析输出结果

cm

个案数	有效	32
	缺失	0
平均值		173.41
标准差		7.836
方差		61.410

根据以上 32 个样本数据，估算出学生的平均身高是 173.41 cm，标准差是 7.836 cm，方差是 61.410 cm。

2. 用描述性分析模块来做点估计

（1）SPSS 操作步骤如下。

① 启动 SPSS，调入样本值。

② 在菜单栏选择"分析"→"描述统计"→"描述"命令，弹出"描述"对话框，如图 5-3 所示。

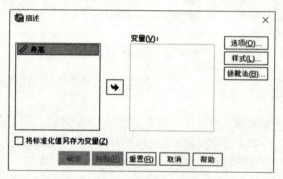

图 5-3　"描述"对话框

③ 在对话框中，把左侧的"身高"变量添加进右侧的"变量"列表框中。单击"选项"按钮，弹出"描述：选项"对话框，勾选"标准差""方差"和"平均值"复选框，如图 5-4 所示。

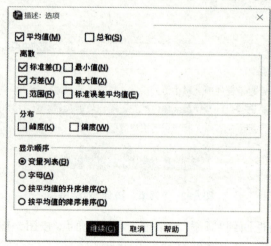

图 5-4　"描述：选项"对话框

④单击"继续"按钮，返回到"描述"对话框，单击"确定"按钮，输出结果。

（2）输出结果及分析。输出结果如表5-2所示。

表5-2　描述性分析输出结果　　　　　　　　　　　　cm

项目	N	平均值	标准差	方差
身高	32	173.41	7.836	61.410
有效个案数（成列）	32			

从输出结果可以得出：样本总数是32个，有效数据是32个，该班学生的平均身高是173.41 cm，标准差是7.836 cm，方差是61.410 cm，与用频数分析模块计算结果相同。

3. 用探索性分析模块对总体均值做区间估计

以案例的样本值为例，说明SPSS计算总体均值置信区间的过程。其仍可以把同年级的学生身高视为总体，而所面对的数据，可以理解为从该年级的学生抽样的结果。

（1）SPSS操作步骤如下。

①在调入数据后，在菜单栏选择"分析"→"描述统计"→"探索"命令，弹出"探索"对话框，如图5-5所示。

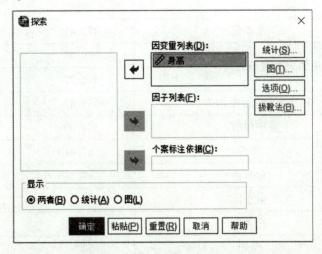

图5-5　"探索"对话框

②在对话框中，把"身高"变量添加进入"因变量列表"列表框中。在"显示"区域选择"两者"（默认值）单选按钮，即同时输出统计量和图形。本例中仅要求输出统计量。

③单击"统计"按钮，弹出"探索：统计"对话框，如图5-6所示。该对话框的系统默认值正是输出均值的95%的置信区间，我们可以接受它，也可以将它变为90%或者99%的置信区间。

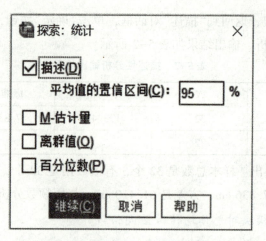

图5-6 "探索：统计"对话框

④单击"继续"按钮，返回到"探索"对话框，单击"确定"按钮，输出结果。

（2）输出结果及分析。输出结果如表5-3所示。

表5-3 探索性分析输出结果   cm

项目		统计	标准误差
平均值		173.41	1.385
平均值的95%置信区间	下限	170.58	
	上限	176.23	
5%剪除后平均值		173.42	
中位数		174.00	
方差		61.410	
标准差		7.836	
最小值		158	
最大值		190	
全距		32	
四分位距		9	
偏度		−0.081	0.414
峰度		−0.201	0.809

（身高）

从输出结果可以得出：平均值的估计值为173.41 cm，覆盖总体平均值的95%的置信区间是(170.58，176.23)，同时还输出了总体方差和总体标准差的估计值。

三、练习题及答案

（一）单项选择题

1. 研究某个单位职工的平均工资水平，先对职工按其工资高低进行排序，每隔20名员工抽取一名员工进行调查，这种调查方法是（　　）。
 A. 简单随机抽样 　　　　　　　　B. 分层抽样
 C. 系统抽样 　　　　　　　　　　D. 整群抽样

2. 为了调查某校学生的购书费用支出，从男生中抽取60名调查，从女生中抽取40名调查，这种调查方法是（　　）。
 A. 简单随机抽样 　　　　　　　　B. 整群抽样
 C. 系统抽样 　　　　　　　　　　D. 分层抽样

3. 为了调查某校学生的购书费用支出，从全校抽取4个班级的学生进行调查，这种调查方法是（　　）。
 A. 简单随机抽样 　　　　　　　　B. 系统抽样
 C. 分层抽样 　　　　　　　　　　D. 整群抽样

4. 为了调查某校学生的购书费用支出，将全校学生的名单按拼音顺序排列后，每隔50名学生抽取一名学生进行调查，这种调查方法是（　　）。
 A. 简单随机抽样 　　　　　　　　B. 整群抽样
 C. 系统抽样 　　　　　　　　　　D. 分层抽样

5. 为了解女性对某品牌化妆品的购买意愿，调查者在街头随意采访部分女性进行调查。这种调查方式是（　　）。
 A. 简单随机抽样 　　　　　　　　B. 分层抽样
 C. 方便抽样 　　　　　　　　　　D. 自愿抽样

6. 调查时首先选择一组调查单位，对其实施调查之后，再请他们提供另外一些属于研究总体的调查对象，调查人员根据所提供的线索进行此后的调查。这样的调查方式称为（　　）。
 A. 系统抽样 　　　　　　　　　　B. 整群抽样
 C. 滚雪球抽样 　　　　　　　　　D. 判断抽样

7. 为了调查大一学生统计学的平均考试成绩，从全院20个班级中抽取4个班级的学生进行调查，这种调查方法是（　　）。
 A. 简单随机抽样 　　　　　　　　B. 整群抽样
 C. 系统抽样 　　　　　　　　　　D. 分层抽样

8. 交通管理部门为了解机动车驾驶员（简称驾驶员）对某新法规的知晓情况，对甲、乙、丙、丁4个社区做分层抽样调查，假设4个社区驾驶员的总人数为 N，其中甲社区有驾驶员96人，若在甲、乙、丙、丁4个社区抽取驾驶员的人数分别为12，21，25，43，则这4个社区驾驶员的总人数 N 为（　　）。
 A. 101 　　　　　　　　　　　　B. 808
 C. 1 212 　　　　　　　　　　　D. 2 012

9. 为了调查某产品的销售情况，销售部门从下属的 92 家销售连锁店中抽取 30 家了解情况，若用系统抽样法，则抽样间隔和随机剔除的个体数分别为（　　）。

A. 3，2　　　　　　　　　　　　B. 2，3

C. 2，30　　　　　　　　　　　D. 30，2

10. 用系统抽样法（按等距离的规则）要从 160 名学生中抽取容量为 20 的样本，将 160 名学生从 1～160 编号，按编号顺序平均分成 20 组（1～8 号，9～16 号，…，153～160 号），若第 16 组应抽出的号码为 125，则第一组中按此抽样方法确定的号码是（　　）。

A. 7　　　　　　　　　　　　　B. 5

C. 4　　　　　　　　　　　　　D. 3

11. 要对冬泳爱好者进行某项调查，调查人员首先找到若干冬泳爱好者，然后通过他们找到更多的冬泳爱好者进行调查，这种调查方法是（　　）。

A. 系统抽样　　　　　　　　　　B. 整群抽样

C. 滚雪球抽样　　　　　　　　　D. 判断抽样

12. 某奶粉生产企业欲了解消费者对奶粉成分的需求，选择对奶粉成分有更高要求和购买数量较大的年轻母亲进行调查，这种调查方法是（　　）。

A. 系统抽样　　　　　　　　　　B. 整群抽样

C. 滚雪球抽样　　　　　　　　　D. 判断抽样

13. 厂家欲了解消费者对某产品的需求情况，在出售产品的柜台前对路过的顾客进行调查，这种调查方法是（　　）。

A. 方便抽样　　　　　　　　　　B. 整群抽样

C. 滚雪球抽样　　　　　　　　　D. 判断抽样

14. 用系统抽样法（按等距离的规则）要从 100 名学生中抽取容量为 20 的样本，将 100 名学生从 1～100 编号。若第 1 组抽出的号码为 6，则第 5 组中按此抽样方法确定的号码是（　　）。

A. 31　　　　　　　　　　　　　B. 30

C. 26　　　　　　　　　　　　　D. 25

15. 某地区有 300 户居民，分成 10 群，现从 10 群中抽 6 群，再从抽中的群中每群抽 2 户调查其平均收入，这种调查方法是（　　）。

A. 简单随机抽样　　　　　　　　B. 整群抽样

C. 多阶段抽样　　　　　　　　　D. 分层抽样

（二）判断题

1. 抽取一个容量为 100 的随机样本，其均值为 81，标准差为 12，总体均值的 95% 的置信区间为 81±1.97。（　　）

2. 某大型企业要提出一项改革措施，为估计职工中赞成该项改革的人数比例，要求边际误差不超过 0.03，置信水平为 90%，应抽取的样本量为 552。（　　）

3. 某地区的写字楼月租金的标准差为 80 元，要估计总体均值的 95% 的置信区间，希望的边际误差为 15 元，应抽取的样本量近似为 110。（　　）

4. 一项调查表明，有 33% 的被调查者认为她们所在的公司十分适合女性工作。假定总体比例为 33%，取边际误差分别为 10%，5%，2%，1%，在建立总体比例的 95% 的置

信区间时，随着边际误差的减小，样本量会减少。 （ ）

5. 假设总体比例为 0.64，从该总体中抽取容量为 100 的样本，则样本比例的标准差为 0.048。 （ ）

6. 假设总体均值为 100，总体方差为 25，在大样本情况下，无论总体的分布形式如何，样本平均数的抽样分布都是服从或近似服从。 （ ）

7. 假设从总体均值为 20，总体方差为 16 的任一总体中抽取大样本量（充分大）的样本，样本平均数的抽样分布是服从或近似服从。 （ ）

8. 某品牌袋装糖果重量的标准是（500±5）g。为了检验该产品的重量是否符合标准，现从某日生产的这种糖果中随机抽查 10 袋，这 10 袋糖果平均每袋的重量是统计量。 （ ）

9. 某品牌食盐重量的标准是（400±10）g。为了检验该产品的重量是否符合标准，现从某日生产的食盐中随机抽查 10 袋，样本容量为 10。 （ ）

10. 假设总体比例为 0.4，采取重复抽样的方法从此总体中抽取一个容量为 100 的简单随机样本，则样本比例的期望是 0.3。 （ ）

11. 假设总体服从均匀分布，从此总体中抽取容量为 36 的样本，则样本均值的抽样分布服从正态分布。 （ ）

12. 假设总体均值为 50，标准差为 8，从此总体中随机抽取容量为 64 的样本，则样本均值的抽样分布均值为 25。 （ ）

13. 假设总体均值为 100，标准差为 12，从此总体中随机抽取容量为 36 的样本，则样本均值的抽样分布的标准差为 2。 （ ）

14. 某厂家生产的灯泡寿命的均值为 60 h，标准差为 4 h。如果从中随机抽取 30 只灯泡进行检测，则样本均值的抽样分布近似等同于正态分布，均值为 60 h。 （ ）

15. 假设从均值为 200，标准差为 50 的总体中抽取容量为 100 的简单随机样本，样本均值的数学期望是 200。 （ ）

（三）计算题

1. 某企业生产的袋装食品采用自动打包机包装，每袋标准重量为 100 g。现从某天生产的一批产品中按重复抽样随机抽取 50 包进行检查，测得每包重量如下。

每包重量/g	包数/包
96～98	2
98～100	3
100～102	34
102～104	7
104～106	4
合计	50

已知食品每包的重量服从正态分布，试求：

（1）若计算的样本标准差为 1.63，确定该批食品平均重量的 95% 的置信区间；

（2）如果规定食品重量低于 100 g 属于不合格，确定该批食品合格率的 95% 的置信区间。

2. 某企业生产一批灯泡 10 000 只，随机抽取 100 只做耐用时间试验和合格检验，测算结果表明，平均使用时间为 2 000 h，标准差为 12 h，其中有 20 只不合格。试求：

(1)确定该批灯泡平均耐用时间的 95% 的置信区间；

(2)确定该批灯泡合格率的 95% 的置信区间。

3. 从某公司生产的一批罐装产品中，随机抽取 10 罐产品，测得每罐的平均质量为 320.8 g，标准差为 1.814 g。

(1)试估计该批罐装产品平均质量的 95% 的置信区间；

(2)假定其他条件不变，抽取的产品数量增加为 36 罐，估计该批罐装产品平均质量的 95% 的置信区间。

4. 某企业为研究职工上班从家里到单位的距离，抽取了由 64 个人组成的一个随机样本，调查所得他们从家里到单位的平均距离是 19.375 km，标准差为 4.11 km。从家里到单位的距离超过 20 km 的有 24 人，假定抽样总体服从正态分布。

(1)试求职工上班从家里到单位的平均距离的 95% 的置信区间；

(2)试求职工上班从家里到单位的距离超过 20 km 比例的 95% 的置信区间。

5. 为估计每个网络用户每天上网的平均时间，随机抽取了 225 个网络用户的简单随机样本，得样本均值为 6.5 h，样本标准差为 2.5 h。

(1)试以 95% 的置信水平，建立网络用户每天平均上网时间的区间估计；

(2)在所调查的 225 个网络用户中，年龄在 20 岁以下的用户为 90 个。以 95% 的置信水平，建立年龄在 20 岁以下的网络用户比例的置信区间。

6. 一家保险公司收集到由 100 位投保人组成的随机样本，得到每位投保人的年龄。根据计算得到这 100 位投保人年龄的平均值为 35.5 岁，标准差为 3.5 岁。其中，有 10 位投保人的年龄在 25 岁以下。

(1)试以 95% 的置信水平，建立投保人年龄的置信区间；

(2)试估计年龄在 25 岁以下的投保人比例的 95% 的置信区间。

7. 一家食品生产企业以生产袋装食品为主，每天的产量大约为 8 000 袋，按规定每袋的重量应为 100 g，总体标准差为 10 g。为对产品质量进行监测，企业质检部门经常要进行抽检，分析每袋重量是否符合标准。现从某天生产的一批食品中随机抽取 25 袋，测得平均重量为 105.36 g，其中有 2 袋不符合标准。

(1)确定该批食品平均重量的 95% 的置信区间；

(2)确定该批产品合格率的 95% 的置信区间。

8. 某种零件的长度服从正态分布，从该批产品中随机抽取 100 件，测得它们的平均长度为 21.4 mm，其中有 5 件产品不合格，已知总体标准差为 $\sigma = 0.15$ mm。

(1)确定该批零件平均长度的 95% 的置信区间；

(2)确定该批零件合格率的 95% 的置信区间。

9. 某无线电广播公司要估计某市 65 岁以上的已退休的人群中一天时间里收听广播的时间，随机抽取了一个容量为 200 的样本，得到样本平均数为 110 min，样本标准差为 30 min，收听广播时间在 100 min 以下的老人有 145 人。

(1)试估计该市 65 岁以上的已退休人群收听广播平均时间的 95% 的置信区间；

(2)估计该市 65 岁以上已退休人群中收听广播时间在 100 min 以下的人比例的 95% 的置信区间。

10. 可口可乐公司生产的雪碧，瓶上标明净容量是 500 mL。在市场上随机抽取了 36 瓶，测得其平均容量为 499.5 mL，标准差为 2.63 mL，净容量在 500 mL 以下的有 20 瓶。

（1）试求该公司生产的这种瓶装饮料的平均容量的 99% 的置信区间；

（2）确定该公司生产的这种瓶装饮料容量在 500 mL 以下比例的 95% 的置信区间。

（四）实践操作题

为调查某中学学生的每月购书支出水平，在全校 2 550 名学生中，用重复简单随机抽样形式抽取一个容量为 20 的样本。经调查，每个抽中学生上个月的购书支出金额如下：

63　95　97　19　57　49　45　95　36　25

45　88　45　29　84　86　70　72　50　65

请使用 SPSS 估计置信水平为 90%、99% 的学生该月购书支出额的置信区间。

参考答案

(一)单项选择题

1. C 2. D 3. D 4. C 5. C 6. C 7. B 8. B
9. A 10. B 11. C 12. D 13. A 14. C 15. C

(二)判断题

1. × 2. × 3. √ 4. × 5. √ 6. × 7. √ 8. √
9. √ 10. × 11. √ 12. × 13. √ 14. √ 15. √

(三)计算题

1. (1)已知：总体服从正态分布，但 σ 未知，$n = 50$ 为大样本，$\alpha = 0.05$，$z_{\alpha/2} = 1.96$。

根据计算得 $x = \dfrac{\sum_{i=1}^{k} M_i f_i}{\sum_{i=1}^{k} f_i} = 101.32$。

该批食品平均重量的 95% 的置信区间为

$$x \pm z_{\alpha/2} \frac{s}{\sqrt{n}} = 101.32 \pm 1.96 \times \frac{1.63}{\sqrt{50}} = 101.32 \pm 0.45$$

即 (100.87, 101.77)。

(2)根据样本数据可计算，样本合格率为 $p = \dfrac{45}{50} = 0.9$，该批食品合格率的 95% 的置信区间为

$$p \pm z_{\alpha/2} \sqrt{\frac{p(1-p)}{n}} = 0.9 \pm 1.96 \times \sqrt{\frac{0.9 \times (1-0.9)}{50}} = 0.9 \pm 0.08$$

即 (0.82, 0.98)。

2. (1)已知：$n = 100$，$x = 2000$，$s = 12$，$\alpha = 0.05$，$z_{\alpha/2} = 1.96$。

$$x \pm z_{\alpha/2} \frac{s}{\sqrt{n}} = 2000 \pm 1.96 \times \frac{12}{\sqrt{100}} = 2000 \pm 2.35$$

即该批灯泡平均耐用时间的 95% 的置信区间为 (1 997.65, 2 002.35)。

(2)根据计算可得，样本合格率为 $p = \dfrac{100 - 20}{100} = 0.8$。

$$p \pm z_{\alpha/2} \sqrt{\frac{p(1-p)}{n}} = 0.8 \pm 1.96 \times \sqrt{\frac{0.8 \times (1-0.8)}{100}} = 0.8 \pm 0.078\,4$$

即该批灯泡合格率的 95% 的置信区间为 (0.721 6, 0.878 4)。

3. (1)已知：$n = 10$，$x = 320.8$，$s = 1.814$。

$t_{\alpha/2}(n-1) = 2.262$

$$x \pm t_{\alpha/2} \frac{s}{\sqrt{n}} = 320.8 \pm 2.262 \times \frac{1.814}{\sqrt{10}} = 320.8 \pm 1.3$$

即该批罐装产品平均质量的 95% 的置信区间为 (319.5, 322.1)。

(2)已知：$n = 36$，$\alpha = 0.05$，$z_{\alpha/2} = 1.96$。

$$x \pm z_{\alpha/2}\frac{s}{\sqrt{n}} = 320.8 \pm 1.96 \times \frac{1.814}{\sqrt{36}} = 320.8 \pm 0.59$$

即该批罐装产品平均质量的95%的置信区间为(320.21，321.39)。

4.（1）已知：$n=64$，$x=19.375$，$s=4.11$，$\alpha=0.05$，$z_{\alpha/2}=1.96$。

$$x \pm z_{\alpha/2}\frac{s}{\sqrt{n}} = 19.375 \pm 1.96 \times \frac{4.11}{\sqrt{64}} = 19.375 \pm 1.007$$

即该企业职工上班从家里到单位的平均距离的95%的置信区间为(18.368，20.382)。

（2）计算可得，该企业职工上班从家里到单位的距离超过20 km比例为 $p=\dfrac{24}{64}=0.375$。

$$p \pm z_{\alpha/2}\sqrt{\frac{p(1-p)}{n}} = 0.375 \pm 1.96 \times \sqrt{\frac{0.375 \times (1-0.375)}{64}} = 0.375 \pm 0.119$$

即该企业职工上班从家里到单位的距离超过20 km比例的95%的置信区间是(0.256，0.494)。

5.（1）已知：$n=225$，$\bar{x}=6.5$，$s=2.5$，$\alpha=0.05$，$z_{\alpha/2}=1.96$。

网络用户平均每天上网时间的95%的置信区间为

$$\bar{x} \pm z_{\alpha/2}\frac{s}{\sqrt{n}} = 6.5 \pm 1.96 \times \frac{2.5}{\sqrt{225}} = 6.5 \pm 0.33$$

即网络用户平均每天上网时间的95%的置信区间为(6.17，6.83)。

（2）根据计算可得，样本比例 $p=\dfrac{90}{225}=0.4$。

年龄在20岁以下的网络用户比例的95%的置信区间为

$$p \pm z_{\alpha/2}\sqrt{\frac{p(1-p)}{n}} = 0.4 \pm 1.96 \times \sqrt{\frac{0.4 \times (1-0.4)}{225}} = 0.4 \pm 0.064$$

即年龄在20岁以下的网络用户比例的95%的置信区间为(0.336，0.464)。

6.（1）已知：$n=100$，$\bar{x}=35.5$，$s=3.5$，$\alpha=0.05$，$z_{\alpha/2}=1.96$。

$$\bar{x} \pm z_{\alpha/2}\frac{s}{\sqrt{n}} = 35.5 \pm 1.96 \times \frac{3.5}{\sqrt{100}} = 35.5 \pm 0.686$$

即投保人年龄的95%的置信区间为(34.814，36.186)。

（2）根据计算可得，投保人年龄在25岁以下的比例为 $p=\dfrac{10}{100}=0.1$。

$$p \pm z_{\alpha/2}\sqrt{\frac{p(1-p)}{n}} = 0.1 \pm 1.96 \times \sqrt{\frac{0.1 \times (1-0.1)}{100}} = 0.1 \pm 0.0588$$

即年龄在25岁以下的投保人比例的95%的置信区间为(0.0412，0.1588)。

7.（1）已知：$n=25$，$\bar{x}=105.36$，$\sigma=10$，$\alpha=0.05$，$z_{\alpha/2}=1.96$。

$$\bar{x} \pm z_{\alpha/2}\frac{\sigma}{\sqrt{n}} = 105.36 \pm 1.96 \times \frac{10}{\sqrt{25}} = 105.36 \pm 3.92$$

即该批食品平均重量的95%的置信区间为(101.44，109.28)。

（2）根据计算可得，该批产品合格的比例为 $p=\dfrac{25-2}{25}=0.92$。

$$p \pm z_{\alpha/2} \sqrt{\frac{p(1-p)}{n}} = 0.92 \pm 1.96 \times \sqrt{\frac{0.92 \times (1-0.92)}{100}} = 0.92 \pm 0.05$$

即该批产品合格率的95%的置信区间为(0.87，0.97)。

8.（1）已知：$n=100$，$\bar{x}=21.4$，$\sigma=0.15$，$\alpha=0.05$，$z_{\alpha/2}=1.96$。

$$\bar{x} \pm z_{\alpha/2} \frac{\sigma}{\sqrt{n}} = 21.4 \pm 1.96 \times \frac{0.15}{\sqrt{100}} = 21.4 \pm 0.029\,4$$

即该批零件平均长度的95%的置信区间为(21.370\,6，21.429\,4)。

（2）根据计算可得，该批零件合格率为 $p = \frac{100-5}{100} = 0.95$。

$$p \pm z_{\alpha/2} \sqrt{\frac{p(1-p)}{n}} = 0.95 \pm 1.96 \times \sqrt{\frac{0.95 \times (1-0.95)}{100}} = 0.95 \pm 0.04$$

即该批零件合格率的95%的置信区间为(0.91，0.99)。

9.（1）已知：$n=200$，$\bar{x}=110$，$s=30$，$\alpha=0.05$，$z_{\alpha/2}=1.96$。

$$\bar{x} \pm z_{\alpha/2} \frac{s}{\sqrt{n}} = 110 \pm 1.96 \times \frac{30}{\sqrt{200}} = 110 \pm 4.16$$

即该市65岁以上的已退休人群收听广播平均时间的95%的置信区间为(105.84，114.16)。

（2）根据计算可得，该批零件合格率为 $p = \frac{145}{200} = 0.725$。

$$p \pm z_{\alpha/2} \sqrt{\frac{p(1-p)}{n}} = 0.725 \pm 1.96 \times \sqrt{\frac{0.725 \times (1-0.725)}{100}} = 0.725 \pm 0.088$$

即该市65岁以上已退休人中收听广播时间在100\,min以下的人比例的95%的置信区间为(0.637，0.813)。

10.（1）已知：$n=36$，$\bar{x}=499.5$，$s=2.63$，$\alpha=0.01$，$z_{\alpha/2}=2.58$。

$$\bar{x} \pm z_{\alpha/2} \frac{s}{\sqrt{n}} = 499.5 \pm 2.58 \times \frac{2.63}{\sqrt{36}} = 499.5 \pm 1.13$$

即该公司生产的这种瓶装饮料的平均容量的99%的置信区间为(498.37，500.63)。

（2）因为置信区间分别为99%和95%，因此 $\alpha=0.05$，$z_{\alpha/2}=1.96$，根据计算可得，该公司生产的这种瓶装饮料容量在500\,mL以下的比例为 $p = \frac{20}{36} = 0.56$。

$$p \pm z_{\alpha/2} \sqrt{\frac{p(1-p)}{n}} = 0.56 \pm 1.96 \times \sqrt{\frac{0.56 \times (1-0.56)}{36}} = 0.56 \pm 0.16$$

即该公司生产的这种瓶装饮料容量在500\,mL以下比例的95%的置信区间为(0.40，0.72)。

（四）实践操作题

（1）使用SPSS估计置信水平为90%的学生该月购书支出额的置信区间。

①在调入数据后，在菜单栏选择"分析"→"描述统计"→"探索"命令，弹出"探索"对话框，如下图所示。

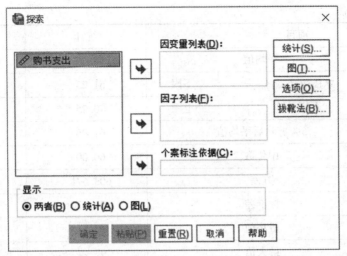

②在对话框中，把"购书支出"变量调入"因变量列表"列表框中。"输出"区域选择"统计"单选按钮，如下图所示。

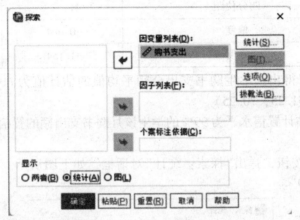

③单击"统计"按钮，弹出"探索：统计"对话框，如下图所示。在"平均值的置信区间"中输入"90"。

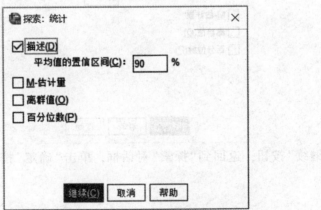

④单击"继续"按钮，返回到"探索"对话框，单击"确定"按钮，输出结果，如下表所示。

元

项目		统计	标准误差
购书支出	平均值	60.75	5.494
	平均值的 90% 置信区间 下限	51.25	
	平均值的 90% 置信区间 上限	70.25	
	5% 剪除后平均值	61.06	
	中位数	60.00	
	方差	603.671	
	标准差	24.570	
	最小值	19	
	最大值	97	
	全距	78	
	四分位距	41	
	偏度	-0.004	0.512
	峰度	-1.154	0.992

从输出结果可以得出：学生购书支出金额平均值的估计值为 60.75，购书支出金额 90% 的置信区间是(51.25，70.25)。

(2)使用 SPSS 估计置信水平为 99% 的学生该月购书支出额的置信区间。

①②步骤同上。

③单击"统计"按钮，弹出"探索：统计"对话框，如下图所示。在"平均值的置信区间"文本框中输入"99"。

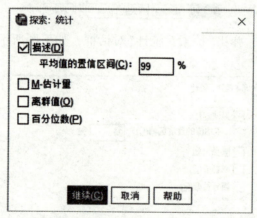

④单击"继续"按钮，返回到"探索"对话框，单击"确定"按钮，输出结果，如下表所示。

元

项目		统计	标准误差
平均值		60.75	5.494
平均值的 99% 置信区间	下限	45.03	
	上限	76.47	
5%剪除后平均值		61.06	
中位数		60.00	
方差		603.671	
标准差		24.570	
最小值		19	
最大值		97	
全距		78	
四分位距		41	
偏度		-0.004	0.512
峰度		-1.154	0.992

注：第一列"购书支出"为行标题，跨越全部数据行。

从输出结果可以得出：学生购书支出金额平均值的估计值为 60.75，购书支出金额 99% 的置信区间是 (45.03, 76.47)。

模块六 假设检验

一、假设检验知识要点

（一）学习目标

假设检验是推断统计最常用的方法，也是应用最为广泛的方法。本模块的学习目标是了解假设检验的基本思想和原理，理解几种主要参数的检验方法，掌握运用假设检验的方法分析抽样调查数据，分析具体问题。掌握运用 SPSS 进行假设检验的操作方法，能够解释分析结果的含义，并进行统计决策。

（二）要点解析

1. 假设检验的基本原理

假设检验又称显著性检验，是一种判断样本与样本、样本与总体之间的差异是由抽样误差引起还是由本质差别造成的统计推断方法。其基本原理是先对总体某一项特征做出某种假设，再通过抽样研究的统计方法，对此假设是否该被接受做出判断。

2. 假设检验的步骤

根据问题提出原假设（H_0）和备择假设（H_1）→根据数据类型和特点选择合适的检验统计量，计算统计量值及相应的概率 P 值→给定显著性水平，查临界值→统计决策。

3. 双侧检验与单侧检验

1）双侧检验

当检验的问题大于或小于某一特定值均为不可接受时，假设检验的临界值有两个，拒绝域分布在两侧，运用双侧检验。其原假设的表述方式为 $H_0: \mu = \mu_0$。

2）单侧检验

单侧检验主要分为左侧检验和右侧检验。

（1）左侧检验。当检验的问题带有方向性，我们希望观测值越大越好，或越小越好。若拒绝域分布在左侧，检验统计量的值越小，则越是拒绝原假设的证据，为左侧检验，其原假设的表述方式为 $H_0: \mu \geq \mu_0$。

（2）右侧检验。如上所述，当假设检验的临界值只有一个，拒绝域分布在右侧，检验统计量的值越大，则越是拒绝原假设的证据，为右侧检验。其原假设的表述方式为 $H_0: \mu \leqslant \mu_0$。

4. 假设检验的两类错误

第一类错误是指原假设 H_0 为真，却被拒绝。犯这种错误的概率用 α 表示，所以也称 α 错误或弃真错误。第二类错误是指原假设为伪，却没有被拒绝。犯这种错误的概率用 β 表示，所以也称 β 错误或取伪错误。

二、 假设检验 SPSS 实践

（一）单样本 t 检验

单样本 t 检验是利用总体的样本数据，检验样本的均值是否与某个给定的常数（即检验值）存在显著差异。单样本 t 检验要求研究中的样本来自同一个总体，且总体服从或近似服从正态分布。单样本检验操作步骤如下。

（1）原假设为总体均值与检验值之间不存在显著差异，备择假设是两者之间存在显著差异，即

$$H_0: \mu = \mu_0, \quad H_1: \mu \neq \mu_0$$

（2）在总体方差未知的情况下，用样本方差代替总体方差，得到 t 统计量为

$$t = \frac{\bar{x} - \mu}{\sqrt{\dfrac{s^2}{n}}}$$

（3）根据公式计算统计量的观测值及相应的概率 P 值，运用 SPSS 计算即可。

（4）在双侧检验中，若概率 P 值小于显著性水平 α，则拒绝原假设，认为总体均值与检验值之间存在显著差异；若概率 P 值大于显著性水平 α，则不能拒绝原假设，认为总体均值与检验值之间无明显差异。SPSS 给出的是双侧概率 P 值，在单侧检验中需将 $P/2$ 与 α 进行比较。

SPSS 进行单样本 t 检验的基本操作：在菜单栏选择"分析"→"比较均值"→"单样本 T 检验"命令，弹出"单样本 T 检验"对话框，详细操作过程见案例 6-1。

【案例 6-1】沈阳工学院一学生社团开展了一项调查活动，已了解该校金融学专业有学生 600 人，会计学专业有学生 800 人，工商管理专业有学生 300 人，金融科技有学生 200 人，对这 4 个专业学生 2021 年日常消费情况进行抽样调查，每个专业随机抽取 15 人，获得样本数据如表 6-1 所示。

表 6-1　2021 年大学生日常消费情况样本数据

专 业	日常消费额/(元·月$^{-1}$)											
金融学	1 210	1 620	1 791	1 989	1 352	1 610	1 506	1 399	1 920	1 895	1 269	1 588
	1 500	1 556	1 294									
会计学	1 902	1 315	1 606	1 895	1 658	1 715	1 885	1 501	1 390	1 405	1 666	1 925
	1 611	1 301	1 208									
工商管理	1 530	1 264	1 756	1 312	1 230	1 224	1 405	1 210	1 899	1 716	1 298	1 365
	1 701	1 545	1 988									

续表

专　业	日常消费额/(元·月$^{-1}$)
金融科技	1 360　1 580　1 499　1 845　1 920　1 190　1 275　1 858　1 800　1 760　1 600　1 620 1 588　1 300　1 360

根据样本数据分析金融学专业学生月人均消费是否与1 400元无差异。

该问题涉及单个总体，近似正态分布，可用单样本t检验。建立如下假设：

H_0：$\mu = 1\,400$，即金融学专业学生月人均消费与1 400元无差异；

H_1：$\mu \neq 1\,400$，即金融学专业学生月人均消费与1 400元有差异。

SPSS操作过程：首先建立SPSS数据文件"data6-1.sav"，金融学、会计学、工商管理3个专业学生月消费额变量名称依次定义为JRXFE、KJXFE、GGXFE，把表6-1的数据录入其中。如已有数据文件，可用SPSS打开数据文件"data6-1.sav"。在菜单栏选择"分析"→"比较平均值"→"单样本T检验"命令，如图6-1所示。

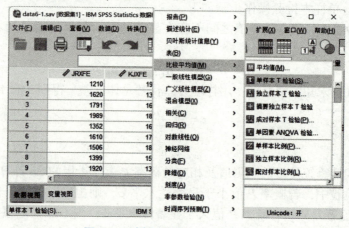

图6-1　选择"单样本T检验"命令

在弹出的"单样本T检验"对话框中，把要检验的变量添加进"检验变量"列表框，在"检验值"文本框输入要检验的数值"1 400"，如图6-2所示。单击"选项"按钮，弹出"单样本T检验：选项"对话框，如图6-3所示，设置置信区间百分比，默认值为95%。"缺失值"区域用于设置缺失值的处理方式，有两种选择："按具体分析排除个案"表示若变量中含有缺失值，则剔除在该变量中存在缺失值的个案后再进行分析；"成列表排除个案"表示剔除所有在任意变量中含有缺失值的个案后再进行分析。

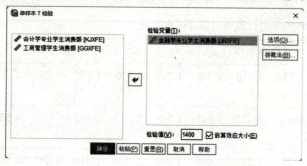

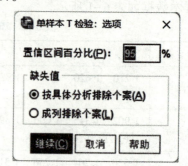

图6-2　"单样本T检验"对话框　　　　图6-3　"单样本T检验：选项"对话框

设置完成后单击"继续"按钮返回到"单样本 T 检验"对话框，单击"确定"按钮，得到 SPSS 输出结果，如表6-2、表6-3 所示。

表6-2　单样本统计 　　　　　　　　　　　　　　　　　　　　　　　元

项目	数字	平均值	标准差	标准误差平均值
金融学专业学生消费额	15	1 566.60	244.819	63.212

表6-3　单样本检验 　　　　　　　　　　　　　　　　　　　　　　　元

项目	检验值＝1 400					
	t	自由度	显著性（双尾）	平均偏差值	差值的 95% 置信区间	
					下限	上限
金融学专业学生消费额	2.636	14	0.020	166.600	31.02	302.18

表6-2 显示了样本的特征，包括样本平均值、标准差等。

表6-3 显示了检验结果，该案例为双侧检验，概率 P 值为 0.020，显著性水平 α 为 0.05，P 值小于 α，因此拒绝原假设，认为金融学专业学生月人均消费与 1 400 元有显著差异。

（二）独立样本 t 检验

两个独立样本 t 检验是利用来自两个正态总体的两个独立样本的数据，来判断两个总体的均值是否存在显著差异的统计推断方法。独立样本 t 检验操作步骤如下。

(1)原假设为两个总体均值无显著差异，备择假设为两个总体均值有显著差异。

(2)原假设为两个总体分布服从正态分布，则其均值之差也服从正态分布，因此可用 t 作为检验统计量，具体公式如下：

$$t = \frac{\bar{x}_1 - \bar{x}_2}{s_{\bar{x}_1 - \bar{x}_2}}$$

t 服从自由度为 $(n_1 - 1) + (n_2 - 1)$ 分布，n_1，n_2 为两个样本的样本容量，$\bar{x}_1$，$\bar{x}_2$ 为两个样本的均值，$s_{\bar{x}_1 - \bar{x}_2}$ 为两个样本均值之差的标准差。

(3)根据公式计算统计量的观测值及相应的概率 P 值，运用 SPSS 可得到 t、F 统计量和概率 P 值。

(4)根据给定的显著性水平，进行决策判断。

SPSS 进行独立样本 t 检验的基本操作：在菜单栏选择"分析"→"比较平均值"→"独立样本 T 检验"命令，弹出"独立样本 T 检验"对话框，详细操作过程见案例6-2。

【案例6-2】如表6-1 中的数据，比较分析金融学、会计学两个专业学生月人均消费是否相同。

两个专业学生的消费额样本相互独立，因而比较平均消费水平是否相同宜采用两个独立样本均值差 t 检验。建立如下假设：

H_0：金融学、会计学两个专业学生消费水平相同。

H_1：金融学、会计学两个专业学生消费水平不相同。

把表6-1中金融学、会计学两个专业学生消费数据录入SPSS，注意把两个专业学生消费样本数据录入同一个变量，再另外增加一个变量"专业"来标识数据来源的专业，如图6-4所示。

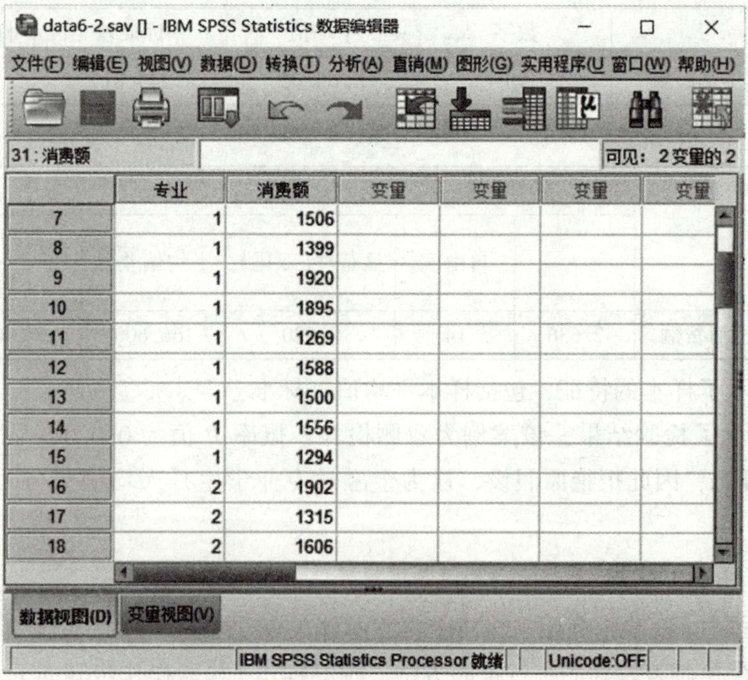

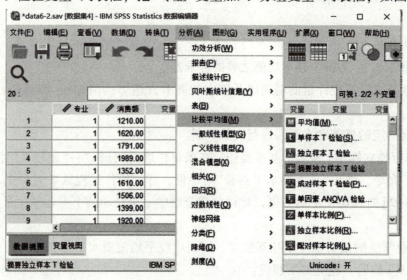

图6-4　独立样本 t 检验数据录入

SPSS操作过程：在菜单栏选择"分析"→"比较平均值"→"摘要独立样本T检验"命令，如图6-5所示。执行两个独立样本 t 检验，弹出"独立样本T检验"对话框，把"消费额"变量加入"检验变量"列表框，把"专业"变量加入"分组变量"列表框，如图6-6所示。

图6-5　选择"摘要独立样本T检验"命令

单击"定义组"按钮，弹出"定义组"对话框，如图6-7所示，在"组1"文本框中输入

"1"标识金融学专业，在"组2"文本框中输入"2"标识会计学专业。单击"继续"按钮返回到"独立样本 T 检验"对话框。单击"确定"按钮，SPSS 输出结果如表 6-4、表 6-5 所示。

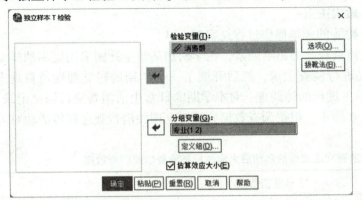

图 6-6　"独立样本 T 检验"对话框　　　　图 6-7　"定义组"对话框

表 6-4　独立样本统计　　　　　　　　　　　　　　　　元

项目	专业	数字	平均值	标准差	标准误差平均值
消费额	1	14	1 586.071 4	241.707 54	64.599 06
	2	16	1 483.562 5	256.026 81	64.006 70

表 6-5　独立样本检验　　　　　　　　　　　　　　　　元

项目		莱文方差等同性检验		平均值等同性 t 检验					差值95% 置信区间	
		F	显著性	t	自由度	显著性（双尾）	平均值差值	标准误差差值	下限	上限
消费额	假定等方差	0.428	0.518	1.123	28	0.271	102.508 93	91.300 63	-84.511 93	289.529 79
	不假定等方差			1.127	27.818	0.269	102.508 93	90.938 97	-83.825 97	288.843 83

表 6-4 给出了对金融学、会计学两个专业学生消费额的基本统计特征，包括样本、平均值、标准误差差值和平均值差值。表 6-5 给出了方差方程的莱文检验和 t 检验结果。F 统计量的概率 P 值为 0.518，大于给定的显著性水平(α)0.05，所以不能否认两个专业学生消费方差相等的假设，因此应该参考第一行的 t 检验结果。第一行中对应的概率 P 值大于给定的显著性水平(α)0.05，因此不能拒绝原假设，认为两个专业学生消费水平相同。如果 F 统计量的概率 P 值小于给定的显著性水平(α)0.05，则按照第二行数值进行分析。

(三)两个配对样本 t 检验

配对样本 t 检验是利用来自两个总体的配对样本，推断两个总体均值是否存在显著差异的检验方法。配对样本可以是个案在"前""后"两种状态下某属性的两种不同特征，也可以是对某事物两个不同侧面的描述。作为假设检验的一种方法，两个配对样本 t 检验的基本步骤与假设检验完全相同。

两个配对样本 t 检验的原假设为两个总体均值无显著差异，备择假设为两个总体均值有显著差异。采用的检验统计量为 t 统计量，计算 t 统计量的观测值和相应的概率 P 值，与给定的显著性水平 α 比较，做出决策。

　　SPSS 进行两个配对样本 t 检验的详细操作过程见案例 6-3。

　　【案例 6-3】为研究大学生消费观念的影响因素，在学期初某学生社团采用概率抽样对 13 名学生上学期日常消费情况进行调查记录，然后开展了一个学期的树立理性消费观念的宣传活动。学期末对 13 名学生进行回访调查，对本学期的日常生活消费进行回忆记录，经整理得到的调查数据如表 6-6 所示。根据调查数据分析树立理性消费观念宣传活动对大学生日常生活消费是否有影响。

表 6-6　树立理性消费观念宣传活动前后大学生日常消费情况调查数据

项目	日常消费额/(元·月$^{-1}$)												
	1	2	3	4	5	6	7	8	9	10	11	12	13
宣传前	1 360	1 580	1 499	1 845	1 920	1 190	1 275	1 858	1 800	1 760	1 600	1 620	1 588
宣传后	1 210	1 620	1 791	1 989	1 352	1 610	1 506	1 399	1 920	1 895	1 269	1 588	1 500

　　消费额可近似认为服从正态分布。从调查设计和样本数据的获取可知，这两组样本是配对的，因此可以借助两个配对样本 t 检验的方法，通过检验活动前与活动后消费额的均值是否发生显著变化来确定宣传活动对日常生活消费的影响。

　　SPSS 操作过程：先把表 6-6 的数据录入 SPSS，或用 SPSS 打开已下载的文件"data6-2.sav"，然后在菜单栏选择"分析"→"比较平均值"→"成对样本 T 检验"命令，如图 6-8 所示，执行配对样本 t 检验，弹出"成对样本 T 检验"对话框，如图 6-9 所示。把 XCQ(宣传前月人均消费额)、XCH(宣传后月人均消费额)一对检验变量加入"配对变量"列表框中，"成对样本 T 检验：选项"与单样本 t 检验的相同，可保持默认值，或设置给定值，如图 6-10 所示。然后单击"继续"按钮，返回到"成对样本 T 检验"对话框，单击"确定"按钮。SPSS 输出结果如表 6-7 ~ 表 6-9 所示。

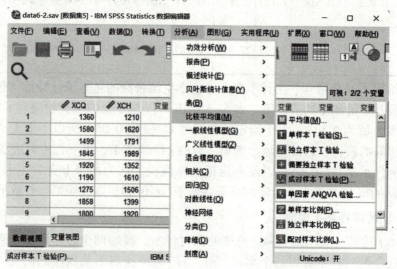

图 6-8　选择"成对样本 T 检验"命令

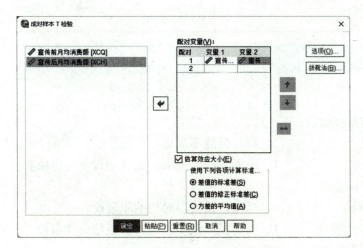

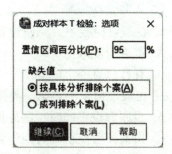

<table>
<tr><td colspan="2">图 6-9　"成对样本 T 检验"对话框</td><td>图 6-10　"成对样本 T 检验：选项"对话框</td></tr>
</table>

表 6-7　配对样本统计　　　　　　　　　　　　　　　　　　　元

	项目	平均值	个案数	标准差	标准误差平均值
配对 1	宣传前月人均消费额	1607.31	13	230.283	63.869
	宣传后月人均消费额	1588.38	13	251.416	69.730

表 6-8　配对样本相关性　　　　　　　　　　　　　　　　　　元

	项目	个案数	相关性	显著性
配对 1	宣传前月人均消费额 & 宣传后月人均消费额	13	0.256	0.399

表 6-7 表明宣传前与宣传后样本的平均值有较大差异，宣传后的月人均消费额低于宣传前的月人均消费额。表 6-8 中相关系数为宣传前与宣传后两组样本的简单相关系数，显著性 0.399 为相关系数检验的概率 P 值。表明在显著性水平 α 为 0.05 时，大学生在宣传活动前后的月人均消费额没有明显的线性变化，宣传前与宣传后月均消费额的线性相关程度较弱。

表 6-9　配对样本检验　　　　　　　　　　　　　　　　　　元

		配对差值					t	自由度	显著性（双尾）
	项目	平均值	标准差	标准误差平均值	差值的 95% 置信区间				
					下限	上限			
配对 1	宣传前月人均消费额-宣传后月人均消费额	18.923	294.316	81.629	-158.930	196.777	0.232	12	0.821

表 6-9 中，宣传前后月人均消费额平均值相差 18.923 元，差值样本标准差为 294.316 元，差值样本均值抽样的标准差为 81.629 元，t 检验统计量观测值对应的双侧概率 P 值为 0.821，大于显著性水平 0.05，不能拒绝原假设，即不能判定在宣传前后月人均消费额存在显著差异，社团组织的树立理性消费观念的宣传活动效果不明显。

三、练习题及答案

(一)单项选择题

1. 在假设检验中，原假设和备择假设(　　)。

A. 都有可能成立　　　　　　　　　　　B. 都有可能不成立

C. 有且只有一个成立　　　　　　　　　D. 原假设一定成立，备择假设不一定成立

2. 在假设检验中，第一类错误是指(　　)。

A. 当原假设正确时拒绝原假设　　　　　B. 当原假设错误时拒绝原假设

C. 当备择假设正确时拒绝备择假设　　　D. 当备择假设不正确时未拒绝备择假设

3. 在假设检验中，第二类错误是指(　　)。

A. 当原假设正确时拒绝原假设　　　　　B. 当原假设错误时没有拒绝原假设

C. 当备择假设正确时拒绝备择假设　　　D. 当备择假设不正确时未拒绝备择假设

4. 对总体参数提出假设，然后用样本信息推断是否成立的过程是(　　)。

A. 假设检验　　　　　　　　　　　　　B. 参数估计

C. 双侧检验　　　　　　　　　　　　　D. 单侧检验

5. 某一贫困地区估计营养不良的人数比例高达 20%，然而有人认为这个比例实际上还要高，要检验说法是否正确，则假设形式为(　　)。

A. $H_0: \pi \leq 0.2$，$H_1: \pi > 0.2$　　　　B. $H_0: \pi = 0.2$，$H_1: \pi \neq 0.2$

C. $H_0: \pi \geq 0.3$，$H_1: \pi < 0.3$　　　　D. $H_0: \pi \leq 0.3$，$H_1: \pi > 0.3$

6. 一项研究表明，中学生吸烟的比例高达 30%，为检验这一说法是否属实，建立的原假设和备择假设应为(　　)。

A. $H_0: \mu = 30\%$，$H_1: \mu \neq 30\%$　　　B. $H_0: \pi = 30\%$，$H_1: \pi \neq 30\%$

C. $H_0: \pi \geq 30\%$，$H_1: \pi < 30\%$　　　D. $H_0: \pi \leq 30\%$，$H_1: \pi > 30\%$

7. 环保部门想检验餐馆平均一天所用的快餐盒是否超过 600 个，建立的原假设和备择假设应为(　　)

A. $H_0: \mu = 600$，$H_1: \mu \neq 600$　　　B. $H_0: \mu \neq 600$，$H_1: \mu = 600$

C. $H_0: \mu \leq 600$，$H_1: \mu > 600$　　　D. $H_0: \mu \geq 600$，$H_1: \mu < 600$

8. 一项新的减肥计划声称：在计划实施的第一周内，参加者的体重平均至少减轻 8 磅。随机抽取 40 位参加该项计划的样本，结果显示：样本的体重平均减少 7 磅，标准差为 3.2 磅，则其原假设和备择假设是(　　)。

A. $H_0: \mu \leq 8$，$H_1: \mu > 8$　　　　B. $H_0: \mu \geq 8$，$H_1: \mu < 8$

C. $H_0: \mu \leq 7$，$H_1: \mu > 7$　　　　D. $H_0: \mu \geq 7$，$H_1: \mu < 7$

9. 在假设检验中，不拒绝原假设意味着(　　)。

A. 原假设肯定是正确的　　　　　　　　B. 原假设肯定是错误的

C. 没有证据证明原假设是正确的　　　　D. 没有证据证明原假设是错误的

10. 一种零件的标准长度为 5 cm，要检验某天生产的零件是否符合标准，建立的原假设和备择假设应为(　　)。

A. $H_0: \mu = 5$, $H_1: \mu \neq 5$ B. $H_0: \mu \neq 5$, $H_1: \mu = 5$

C. $H_0: \mu \leq 5$, $H_1: \mu > 5$ D. $H_0: \mu \geq 5$, $H_1: \mu < 5$

(二)简答题

1. 假设检验和参数估计有什么相同点和不同点？

2. 什么是假设检验中的显著性水平？统计显著是什么意思？

3. 什么是假设检验中的两类错误？

4. 两类错误之间存在什么样的数量关系？

5. 假设检验依据的基本原理是什么？

6. 在单侧检验中，原假设和备择假设的方向应该如何确定？

(三)计算题

1. 一种罐装饮料采用自动生产线生产，每罐的容量是 255 mL，标准差为 5 mL。为检验每罐容量是否符合标准，质检人员在某天生产的饮料中随机抽取了 40 罐进行检验，测得每罐平均容量为 255.8 mL。取显著性水平 $\alpha = 0.05$，请检验该天生产的饮料容量是否符合标准。

2. 糖厂用自动打包机打包，每包的标准重量是 100 kg。每天开工后需要检验一次打包机工作是否正常。某日开工后测得 9 包重量(单位：kg)如下所示：

99.3　98.7　100.5　101.2　98.3　99.7　99.5　102.1　100.5

已知每包的重量服从正态分布，试检验该日打包机工作是否正常($\alpha = 0.05$)。

3. 某一小麦品种的平均产量为 5 200 kg/hm²。一家研究机构对小麦品种进行了改良以期提高产量。为检验改良后的新品种产量是否有显著提高，随机抽取了 36 个地块进行试种，得到的样本平均产量为 5 275 kg/hm²，标准差为 120 kg/hm²。试检验改良后的新小麦品种产量是否有显著提高($\alpha = 0.05$)。

4. 某厂生产的某元件设计寿命 240 h，已知该厂生产的一批元件的寿命服从正态分布，标准差为 25 h。现从这批元件中随机抽取 20 只，进行寿命测试，计算平均寿命为 242 h。请检验能否认为该批元件寿命符合设计寿命标准(取显著性水平为 0.05)。

5. 某批发商欲从生产厂家购进一批元件，根据合同规定，元件的使用寿命平均不能低于 2 000 h。已知元件使用寿命服从正态分布，标准差为 20 h。在总体中随机抽取 100 只元件，测得样本均值为 1 960 h。批发商是否应该购买这批元件($\alpha = 0.05$)？

6. 某薯片加工企业用自动装袋设备封装产品，每袋的标准重量是 300 g。每天开工后需要检验一次装袋设备工作是否正常。某日开工后测得 9 袋的平均重量为 299.978 g，标准差为 1.212 2 g。已知每袋的重量服从正态分布，请检验该日装袋设备是否正常($\alpha = 0.05$)。

7. 某一新型水稻品种的平均产量为 8 200 kg/hm²。一家研究机构对新型水稻品种进行了改良以期提高产量。为检验改良后的新品种产量是否有显著提高，随机抽取了 36 个地块进行试种，得到的样本平均产量为 8 275 kg/hm²，标准差为 120 kg/hm²。试检验改良后的新型水稻品种产量是否有显著提高($\alpha = 0.05$)。

参考答案

(一)单项选择题

1. C   2. A   3. B   4. A   5. A   6. B   7. C   8. B

9. D   10. A

(二)简答题

略

(三)计算题

1. 由已知得：$\mu_0 = 255$，$\sigma = 5$，$n = 40$，$\bar{x} = 255.8$，$\alpha = 0.05$

$H_0: \mu = 255$ $H_1: \mu \neq 255$

计算统计量值：

$$z = \frac{\bar{x} - \mu_0}{\frac{\sigma}{\sqrt{n}}} = \frac{255.8 - 255}{\frac{5}{\sqrt{40}}} = 1.01$$

根据给定显著性水平 $\alpha = 0.05$，$z_{\alpha/2} = z_{0.025} = 1.96$。

$|z| = 1.01 < z_{0.025} = 1.96$，所以不拒绝原假设，说明该天生产的饮料符合标准。

2. 已知：$\mu_0 = 100$，$n = 9$，$\alpha = 0.05$

$$\bar{x} = \frac{\sum x}{n} = 99.978$$

$$s = \sqrt{\frac{\sum (x - \bar{x})^2}{n - 1}} = 1.2122$$

$H_0: \mu = 100$ $H_1: \mu \neq 100$

计算统计量值：

$$t = \frac{\bar{x} - \mu_0}{s/\sqrt{n}} = \frac{99.978 - 100}{1.2122/\sqrt{9}} = -0.054$$

$$t_{\alpha/2}(n - 1) = t_{0.025}(8) = 2.306$$

因 $|t| = 0.054 < t_{0.025}(8) = 2.306$，所以不拒绝原假设，没有理由认为该机器不正常。

3. 已知：$\mu_0 = 5\,200$，$n = 36$，$\alpha = 0.05$，$s = 120$，$\bar{x} = 5\,275$

$H_0: \mu \leqslant 5\,200$ $H_0: \mu > 5\,200$

计算统计量值：

$$z = \frac{\bar{x} - \mu_0}{s/\sqrt{n}} = \frac{5\,275 - 5\,200}{120/\sqrt{36}} = 3.75$$

根据给定的显著性水平 $\alpha = 0.05$，$z_\alpha = z_{0.05} = 1.645$。

因 $z = 3.75 > z_{0.05} = 1.645$，故拒绝原假设，说明改良后的新品种产量有显著提高。

4. 已知：$\mu_0 = 240$，$\sigma = 25$，$n = 20$，$\bar{x} = 242$，$\alpha = 0.05$

$H_0: \mu \leqslant 240$ $H_1: \mu > 240$

计算统计量值：

$$z = \frac{\bar{x} - \mu_0}{\sigma/\sqrt{n}} = \frac{242 - 240}{25/\sqrt{20}} = 0.357\,8$$

根据给定的显著性水平 $\alpha = 0.05$，$z_\alpha = z_{0.05} = 1.645$。

$z = 0.357\,8 < z_{0.05} = 1.645$，故不拒绝原假设，可认为该批产品寿命不符合设计标准。

5. 已知：$\mu_0 = 2\,000$，$\sigma = 20$，$n = 100$，$\bar{x} = 1\,960$，$\alpha = 0.05$

$H_0: \mu \geqslant 2\,000 \qquad H_1: \mu < 2\,000$

$$z = \frac{\bar{x} - \mu_0}{\sigma/\sqrt{n}} = \frac{1\,960 - 2\,000}{20/\sqrt{100}} = -20$$

根据给定的显著性水平 $\alpha = 0.05$，$z_\alpha = z_{0.05} = 1.645$。

因 $|z| = 20 > z_{0.05}$，故拒绝原假设，有证据表明这批元件的使用寿命低于 $2\,000$ h。

6. 由已知得：$\mu_0 = 300$，$s = 1.212\,2$，$n = 9$，$\bar{x} = 299.978$，$\alpha = 0.05$

$H_0: \mu = 300 \qquad H_1: \mu \neq 300$

计算统计量值：

$$t = \frac{\bar{x} - \mu_0}{s/\sqrt{n}} = \frac{299.978 - 300}{1.212\,2/\sqrt{9}} = -0.054$$

根据给定显著性水平 $\alpha = 0.05$，$t_{0.025}(8) = 2.306$。

因 $|t| = 0.054 < t_{0.025}(8) = 2.306$，所以不拒绝原假设，说明该设备正常。

7. 由已知得：$\mu_0 = 8\,200$，$\sigma = 120$，$n = 36$，$\bar{x} = 8\,275$，$\alpha = 0.05$

$H_0: \mu \leqslant 8\,200 \qquad H_1: \mu > 8\,200$

$$z = \frac{\bar{x} - \mu_0}{\sigma/\sqrt{n}} = \frac{8\,275 - 8\,200}{120/\sqrt{36}} = 3.75$$

根据给定的显著性水平 $\alpha = 0.05$，$z_\alpha = z_{0.05} = 1.645$。

因 $z = 3.75 > z_{0.05} = 1.645$，故拒绝原假设，说明改良后的新品种产量有显著提高。

模块七 列联分析

一、列联分析知识要点

(一)学习目标

列联分析是利用列联表分析变量之间关系的一种统计方法。在这一模块学生要了解列联表的构造和列联表的分布,理解卡方检验和拟合优度检验,掌握 SPSS 中关于列联表分析的操作方法;掌握应用 SPSS 进行卡方检验及拟合优度检验的方法;能够独立应用列联表分析、卡方检验和拟合优度检验分析实际问题。

(二)要点解析

1. 列联分析简介

列联分析也称列联表分析。列联表是两个或两个以上的变量交叉分组后形成的频数分析表,所以也称交叉表,或交叉列联表。若总体可以按照两个属性进行分类,则可生成二位列联表;若属性大于两个,则可生成多维列联表。列联表中常用卡方检验来检验行变量和列变量之间的关系。列联表的数据可以是数值型的,也可以是非数值型的。在进行抽样调查时,问卷中的大量题目属于定类变量和定序变量,因此,在对调查结果进行统计分析时,列联分析是一个很重要的工具。

2. 列联分析的基本步骤

(1)建立原假设。卡方检验的原假设:行变量与列变量相互独立。

(2)计算检验统计量的值。列联分析中卡方检验的统计量是 Pearson 卡方统计量,计算公式如下:

$$\chi^2 = \sum_{i=1}^{r} \sum_{j=1}^{c} \frac{(f_{ij}^0 - f_{ij}^e)^2}{f_{ij}^e}$$

式中,r 为列联表的行数,c 为列联表的列数,f^0 为观测频数,f^e 为期望频数。

(3)做出统计决策。可用卡方统计量的值与显著性水平比较,大于或等于临界值(χ^2 分布中的临界)拒绝原假设。也可以用概率 P 值与显著性水平比较,小于显著性水平则拒绝原假设。

二、列联分析 SPSS 实践

(一)列联表分析

交叉表过程用于对分类资料和有序分类资料进行统计描述和统计推断。该过程可以产生 $2 \sim n$ 维列联表,并计算相应的百分数指标。统计推断包括常用的 χ^2 检验、Kappa 值、分层 χ^2 以及四格表资料的确切概率值。

(二)卡方检验

针对不同类型的分类资料,卡方检验主要包括独立资料的 χ^2 检验、配对资料的 χ^2 检验、$R \times C$(四格)表资料的 χ^2 检验。

交叉表及卡方检验 SPSS 过程基本操作步骤如下。

1)定义变量,建立数据文件

(1)如果给出的是原始数据,则定义两个变量,即行变量及列变量;输入相应的数据。

(2)如果给出的是频数表,则定义 3 个变量,即行变量、列变量和频数变量;其数据格式为频数格式,输入相应数据。

2)χ^2 检验

从菜单栏选择"分析"→"描述统计"→"交叉表"命令。

SPSS 具体操作过程见案例 7-1、案例 7-2 及案例 7-3。

(三)拟合优度检验

拟合优度检验 SPSS 过程基本操作步骤如下。

(1)定义变量,建立数据文件:两个变量即定类变量和频数变量,其数据格式为频数格式。

(2)加权频数变量:在菜单栏选择"数据"→"加权个案"命令,弹出"加权个案"对话框,将"频数"变量加入"频率变量"列表框,单击"确定"按钮。

(3)在菜单栏选择"分析"→"非参数检验"→"旧对话框"→"卡方"命令。

(4)将"频数"变量加入"检验变量列表"列表框,单击"确定"按钮。

SPSS 具体操作过程见案例 7-4。

(四)案例分析

【案例 7-1】列联分析及独立性检验:为了研究学科性质是否与性别相关,随机抽样调查了 64 名学生,其中有效数据为 63 人,具体数据如表 7-1 所示。

表 7-1 文科生与理科生性别分布数据

序号	性别	专业性质	序号	性别	专业性质	序号	性别	专业性质	序号	性别	专业性质
1	男	理科	6	男	理科	11	女	理科	16	男	理科
2	女	理科	7	女	理科	12	女	理科	17	男	理科
3	男	理科	8	女	理科	13	女	理科	18	男	理科
4	男	理科	9	女	理科	14	男	理科	19	男	理科
5	女	理科	10	女	理科	15	男	理科	20	男	理科

序号	性别	专业性质	序号	性别	专业性质	序号	性别	专业性质	序号	性别	专业性质
21	男	理科	32	女	理科	43	女	文科	54	女	文科
22	男	理科	33	女	理科	44	女	文科	55	女	文科
23	男	理科	34	男	理科	45	男	文科	56	女	文科
24	男	理科	35	女	文科	46	男	文科	57	女	文科
25	男	理科	36	女	文科	47	男	文科	58	女	文科
26	男	理科	37	女	文科	48	男	文科	59	女	文科
27	男	理科	38	女	文科	49	男	文科	60	女	文科
28	男	理科	39	女	文科	50	女	文科	61	女	文科
29	男	理科	40	女	文科	51	女	文科	62	女	文科
30	女	理科	41	女	文科	52	女	文科	63	女	文科
31	女	理科	42	女	文科	53	女	文科	64	—	—

1. 案例解析

（1）目的：推断两个总体率（构成比）是否有差别。

（2）要求：两样本的两分类个体数排列成四格表资料。

（3）四格表 χ^2 检验的基本思想：检验计算出来的统计量 χ^2 值反映了实际频数与理论频数的吻合程度。如果 χ^2 值很大，即对应的概率 P 值足够小（$P<\alpha$），则说明 4 个格子的实际频数 A 与理论频数 T 基本吻合；反之，则说明实际频数 A 与理论频数 T 相差很大，说明差异具有统计学意义。

（4）χ^2 检验基本步骤。

① 建立检验假设。

H_0：两总体男性率相等 $\pi_1 = \pi_2 = p_c$。

H_1：两总体男性率不等 $\pi_1 \neq \pi_2$。

② 计算统计量，公式为

$$\chi^2 = \sum \frac{(A - T)^2}{T}$$
$$\nu = (R - 1)(C - 1)$$

式中，ν 为自由度。

③ P 与小概率值（通常可以取 0.1、0.01、0.05）做比较，做出推论。

（5）χ^2 检验的条件。

① 当 $n \geq 40$，且任一格的理论数 $T \geq 5$，采用 Pearson χ^2 检验。

② 当 $n \geq 40$，且任一格的理论数 $5 > T \geq 1$，采用连续性校正 χ^2 检验。

③ 当 $n < 40$，或任一格的理论数。

在列联分析及卡方检验的 SPSS 操作过程中，根据所得的数据的特点，可以选用两种不同的方法进行结果的运行。如果可以直接获取原始数据，则可以直接选用无须"加权"的 SPSS 方法运行（方法一）。如果所给的数据是频数表，在运行 SPSS 时，需要选择"加权"数据的 SPSS 运行方法（方法二）。需要注意的是，无论采用哪种方法，其最终的数据输出结果及结论是一致的，即虽然采用的方法不同，但最终的结论相同。

2. SPSS 操作过程

用 SPSS 打开"模块 7-1 案例数据"文件，比较学科性质与性别是否相关（独立）。SPSS 具体操作如下。

方法一：原始数据表 7-1（无加权）列联表及卡方检验的 SPSS 操作方法。

（1）定义变量及变量值。单击变量窗口，定义两个变量：专业性质变量（文科生＝1，理科生＝2）为 r，性别（男性＝1，女性＝2）为 c，如图 7-1 所示。

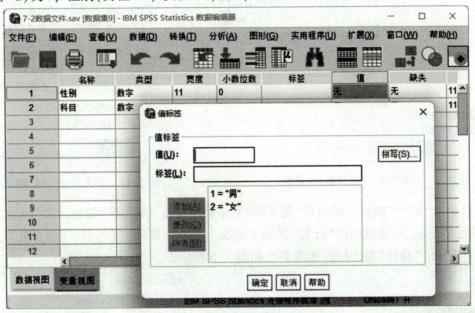

图 7-1　定义变量及变量值

（2）输入原始数据，在菜单栏选择"分析"→"统计描述"→"交叉表"命令，如图 7-2 所示。

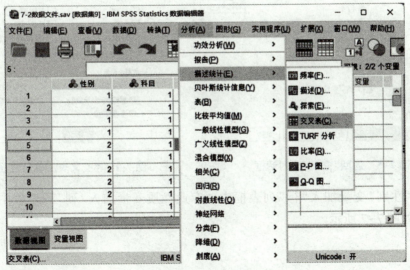

图 7-2　选择"交叉表"命令

（3）在打开的"交叉表"对话框中单击"统计"按钮，在打开的"交叉表：统计"对话框中勾选"卡方"复选框，如图7-3和图7-4所示。

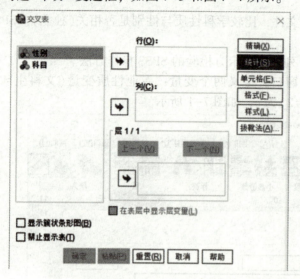

图7-3 "交叉表"对话框

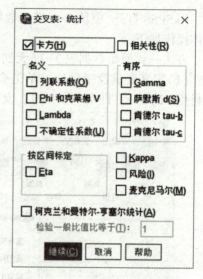

图7-4 "交叉表：统计"对话框

（4）单击"继续"按钮，返回到"交叉表"对话框，单击"单元格"按钮，在打开的"交叉表：单元格显示"对话框中的"计数"区域下勾选"实测""期望"复选框；"百分比"区域下勾选"行""列""总计"复选框，如图7-5和图7-6所示。

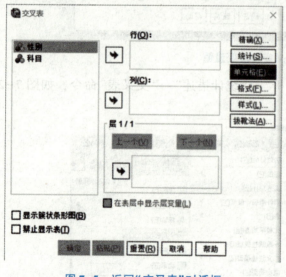

图7-5 返回"交叉表"对话框

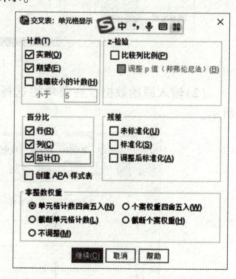

图7-6 "交叉表：单元格显示"对话框

（5）将"性别"变量加入"行"列表框中，专业性质变量加入"列"列表框中，单击"确定"按钮，如图7-7所示。

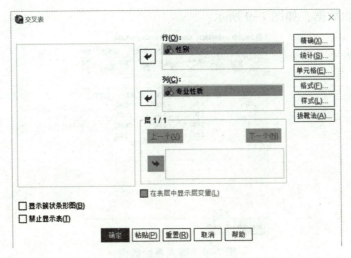

图 7-7 行列设置

方法二：加权数据列联表及卡方检验的 SPSS 运行方法。

由于表 7-2 给出的是频数分布表，因此在建立数据集时可以直接输入 3 个变量——行变量、列变量和指示每个格子中频数的变量，然后用"个案加权"对话框指定频数变量，最后调用"交叉表"过程进行 χ^2 检验。

表 7-2 文科生与理科生性别频数分布表   人

分组	男生人数	女生人数	合计
文科人数	5	24	29
理科人数	21	13	34
合计	26	37	63

SPSS 具体操作如下。

(1)定义变量及变量值。单击变量窗口，定义 3 个变量：专业性质变量(文科生 $=1$，理科生 $=2$)为 r、性别变量(男性 $=1$，女性 $=2$)为 c、频数变量为 f，按顺序输入数据，如图 7-8 所示。

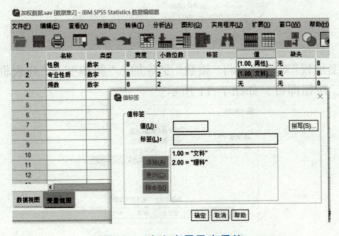

图 7-8 定义变量及变量值

（2）输入原始数据，如图 7-9 所示。

图 7-9　输入原始数据

（3）在菜单栏选择"数据"→"个案加权"命令，如图 7-10 所示。

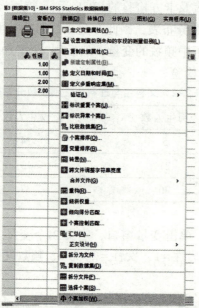

图 7-10　选择"个案加权"命令

（4）弹出"个案加权"对话框，将"频数"变量加入"频率变量"列表框，定义频数为权数，再单击"确定"按钮即可，如图 7-11 所示。

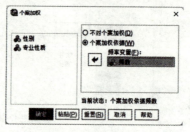

图 7-11　"个案加权"对话框

在菜单栏选择"数据"→"个案加权"命令，可对指定的数值变量进行加权。在弹出的"个案加权"对话框中，"不对个案加权"表示不做加权，可用于对做过加权的变量取消加权；"个案加权依据"表示选择 1 个变量做加权。在加权操作中，系统只对数值变量进行有效加权，即大于 0 的数按变量的实际值加权，0、负数和缺失值加权为 0。

加权操作在卡方检验中是必不可少的，且一旦该变量做过加权，那么，一方面，系统自动根据用户对已加权变量值的修改做加权变换，另一方面，用户除非取消加权，否则即使改变变量名，系统依然对该变量进行加权操作。

调用"个案加权"命令完成定义后，SPSS 将在主窗口的最下面状态行中显示"加权范围"字样；若调用该命令后的数据库被用户存盘，则当这个数据文件再次被打开使用时，仍会显示"加权范围"字样，表明数据加权命令依然有效。

（5）在菜单栏选择"分析"→"描述统计"→"交叉表"命令，如图 7-12 所示。

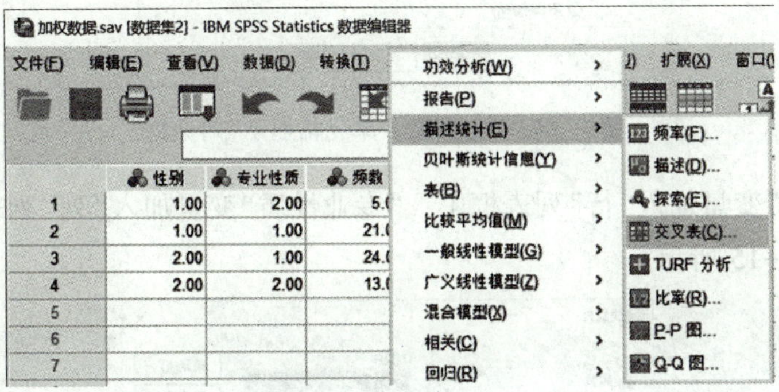

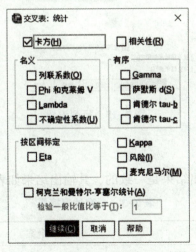

图 7-12　选择"交叉表"命令

（6）弹出"交叉表"对话框，单击"统计"按钮，在打开的"交叉表：统计"对话框中勾选"卡方"复选框，如图 7-13 所示。

图 7-13　"交叉表：统计"对话框

（7）单击"继续"按钮，返回到"交叉表"对话框，单击"单元格"按钮，在打开的"交叉表单元格显示"对话框中的"计数"区域勾选"实测""期望"复选框；"百分比"区域下勾选"行""列""总计"，如图7-14所示。

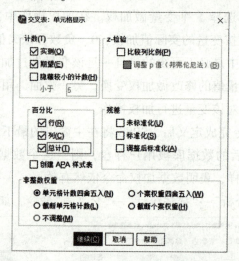

图7-14 "交叉表：单元格显示"对话框

（8）将"性别"变量加入"行"列表框中，"专业性质"变量加入"列"列表框中，单击"确定"按钮，如图7-15所示。

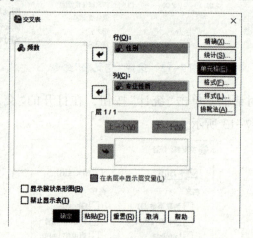

图7-15 行列设置

3. 输出结果与解释

通过两种方法得到的输出结果是一致的，其输出结果如表7-3～表7-5所示。

表7-3 个案处理摘要

摘要	个案					
	有效		缺失		总计	
	N	百分比	N	百分比	N	百分比
性别＊专业性质	63	98.4%	1	1.6%	64	100.0%

表7-3表明，该研究调查收集的数据中，调查对象总计64人，其中数据缺失1人，有效数据63人。

表7-4　性别 * 专业性质交叉表　　　　　　　　　　　人

摘要			专业性质		总计
			文科	理科	
性别	男性	计数	21	5	26
		期望计数	18.6	7.4	26.0
		占性别的百分比	80.8%	19.2%	100.0%
		占专业性质的百分比	46.7%	27.8%	41.3%
		占总计的百分比	33.3%	7.9%	41.3%
	女性	计数	24	13	37
		期望计数	26.4	10.6	37.0
		占性别的百分比	64.9%	35.1%	100.0%
		占专业性质的百分比	53.3%	72.2%	58.7%
		占总计的百分比	38.1%	20.6%	58.7%
总计		计数	45	18	63
		期望计数	45.0	18.0	63.0
		占性别的百分比	71.4%	28.6%	100.0%
		占专业性质的百分比	100.0%	100.0%	100.0%
		占总计的百分比	71.4%	28.6%	100.0%

表7-4表明，系统输出的四格表资料对专业性质与性别进行统计描述，包括实际观察数、理论数、行百分数、列百分数。从表中可以直观地了解文科生的性别和理科生的性别的频数、女生中文科生及男生中理科生的频数。

表7-5　卡方检验

摘要	值	自由度	渐进显著性（双侧）	精确显著性（双侧）	精确显著性（单侧）
皮尔逊卡方	1.893[a]	1	0.169		
连续性修正[b]	1.194	1	0.275		
似然比	1.953	1	0.162		
费希尔精确检验				0.258	0.137
线性关联	1.863	1	0.172		
有效个案数	63				

a. 0个单元格（0.0%）的期望计数小于5，最小期望计数为7.43。

b. 仅针对2×2表进行计算。

表7-5表明，卡方检验输出有关统计数据对专业性质与性别间的关系进行统计推断，因为 $n=63$，最小理论数为11.97，故采用 Pearson χ^2 值为1.893，双侧 P 值为0.258，按

$\alpha=0.05$ 的检验水准，差异有统计学意义，可认为文科生与理科生性别比率是不同的，理科生的男性比率高于文科生。

注意：

当 $n \geq 40$，且任一格的理论数 $T \geq 5$，采用 Pearson χ^2 检验；

当 $n \geq 40$，且任一格的理论数 $5 > T \geq 1$，采用连续性校正 χ^2 检验；

当 $n < 40$，或任一格的理论数 $T \leq 1$ 时，采用 Fisher 精确概率检验。

【案例7-2】卡方检验：分别用咽试纸法和血清检测法对 58 名新冠疑似病例进行测定，结果如表 7-6 所示。问：两种方法的检测结果有无差别？

表7-6 两种方法的检测结果

咽试纸法	血清检测法		合计/人
	阳性	阴性	
阳性	11(a)	12(b)	23
阴性	2(c)	33(d)	35
合计/人	13	45	58

1. 案例解析

(1)目的：推断两种方法的检测结果有无差别。

(2)要求：两样本的两分类个体数排列成四格表资料。

(3)四格表 χ^2 检验的基本思想：检验计算出来的统计量 χ^2 值反映了实际频数与理论频数的吻合程度。如果 χ^2 值很大，即对应的 P 值足够小($P < \alpha$)，则说明实际频数 A 与理论频数 T 基本吻合；反之，则说明实际频数 A 与理论频数 T 相差很大，说明差异具有统计学意义。配对设计实验中，就每个对子而言，两种检验的结果有 4 种可能：①两种检测方法皆为阳性数(a)；②两种检测方法皆为阴性数(d)；③咽试纸法为阳性，血清检测法为阴性数(b)；④血清检测法为阳性，咽试纸法为阴性数(c)。其中，a、d 为两法观察结果一致的两种情况，b、c 为两法观察结果不一致的两种情况。

本法一般用于样本含量不太大的资料。因为它仅考虑了两法观察结果不一致的两种情况(b、c)，而未考虑样本含量 n 和两法观察结果一致的两种情况(a、d)。所以，当 n 很大且 a 与 d 的数值很大(即两法的一致率较高)，b 与 c 的数值相对较小时，即便检验结果有统计学意义，其实际意义往往也不大。

(4)χ^2 检验基本步骤。

①建立检验假设。

H_0：b 等于 c。

H_1：b 不等于 c。

②计算统计量，公式为

$$\chi^2 = b-c/b+c, \quad v=1$$

校正公式：$\chi_c^2 = (|b-c|-1)^2/b+c, \quad v=1$。

③P 与小概率值 α(通常可以取 0.1、0.01、0.05)做比较，做出推论。

2. SPSS 操作过程

（1）定义变量及变量值。单击变量窗口，定义 3 个变量：咽试纸法变量（阳性 = 1，阴性 = 2）为 r、血清检测法（阳性 = 1，阴性 = 2）为 c、频数变量为 f，按顺序输入数据，如图 7—16 所示。

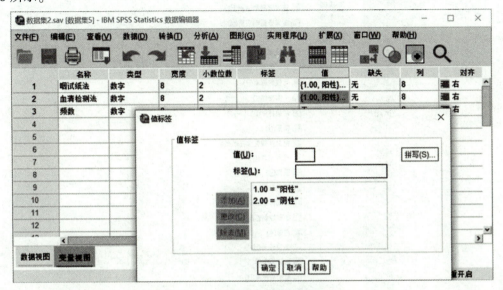

图 7—16　定义变量及变量值

（2）输入原始数据，如图 7—17 所示。

图 7—17　输入原始数据

（3）在菜单栏选择"数据"→"个案加权"命令，如图 7—18 所示。

图 7-18 选择"个案加权"命令

（4）弹出"个案加权"对话框，将"频数"变量加入"频率变量"列表框，定义频数为权数，再单击"确定"按钮即可，如图 7-19 所示。

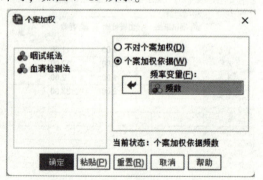

图 7-19 "个案加权"对话框

（5）在菜单栏选择"分析"→"描述统计"→"交叉表"命令，如图 7-20 所示。

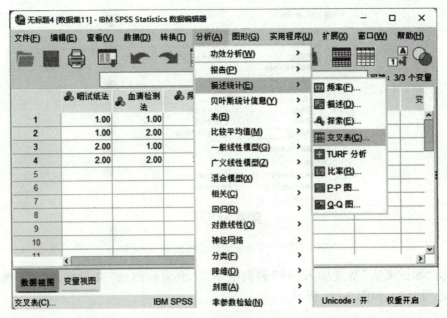

图7-20 选择"交叉表"命令

(6)弹出"交叉表"对话框，单击"统计"按钮，在打开的"交叉表：统计"对话框中勾选"卡方""Kappa""麦克尼马尔"(配对卡方检验统计量)复选框，如图7-21所示。

图7-21 "交叉表：统计"对话框

(7)单击"继续"按钮，返回到"交叉表"对话框，单击"单元格"按钮，在打开的"交叉表：单元格显示"对话框中的"计数"区域下勾选"实验""期望"复选框；"百分比"区域下下勾选"行""列""总计"复选框，如图7-22所示。

图7-22 "交叉表：单元格显示"对话框

（8）将"咽试纸法"变量加入"行"列表框中，"血清检测法"变量加入"列"列表框中，单击"确定"按钮，如图7-23所示。

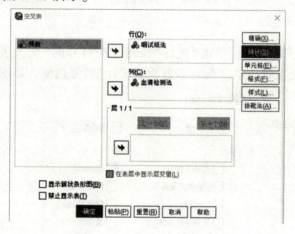

图7-23 交叉表行列设置

3. 输出结果与解释

输出结果如表7-7～表7-9所示。

表7-7 咽试纸法＊血清检测法交叉表

人

摘要			血清检测法		总计
			阳性	阴性	
咽试纸法	阳性	计数	11	12	23
		期望计数	5.2	17.8	23.0
		占咽试纸法的百分比/%	47.8	52.2	100.0
		占血清检测法的百分比/%	84.6	26.7	39.7
		占总计的百分比/%	19.0	20.7	39.7

续表

摘要			血清检测法		总计
			阳性	阴性	
咽试纸法	阴性	计数	2	33	35
		期望计数	7.8	27.2	35.0
		占咽试纸法的百分比/%	5.7	94.3	100.0
		占血清检测法的百分比/%	15.4	73.3	60.3
		占总计的百分比/%	3.4	56.9	60.3
总计		计数	13	45	58
		期望计数	13.0	45.0	58.0
		占咽试纸法的百分比/%	22.4	77.6	100.0
		占血清检测法的百分比/%	100.0	100.0	100.0
		占总计的百分比/%	22.4	77.6	100.0

表 7-7 表明，系统输出的四格表资料对咽试纸法和血清检测法的检测结果进行统计描述，包括实际观察数、理论数、行百分数、列百分数。从表中可以直观地了解咽试纸法和血清检测法检测为阳性和阴性的频数。

表 7-8　卡方检验

摘要	值	自由度	渐进显著性（双侧）	精确显著性（双侧）	精确显著性（单侧）
皮尔逊卡方	14.154[a]	1	0.000		
连续性修正[b]	11.836	1	0.001		
似然比	14.550	1	0.000		
费希尔精确检验				0.000	0.000
线性关联	13.910	1	0.000		
麦克尼马尔检验				0.013[c]	
有效个案数	58				

a. 0 个单元格(0.0)的期望计数小于 5，最小期望计数为 5.16。

b. 仅针对 2×2 表进行计算。

c. 使用了二项分布。

表 7-8 表明，因本例为配对设计，故采用麦克尼马尔检验，其双侧 P 值为 0.013，$P<0.05$，按 $\alpha=0.05$ 的检测水准，差异有统计学意义，可认为两种方法检测阳性率有差异，血清检测法检测阳性率较高。

表 7-9　对称测量

摘要		值	渐近标准误差[a]	近似 T[b]	渐进显著性
协议测量	Kappa	0.455	0.115	3.762	0.000
有效个案数		58			

a. 未假定原假设。

b. 在假定原假设的情况下使用渐近标准误差。

表7-9表明，对两种检测方法的一致性检验，Kappa=0.455，$P<0.01$，说明两种方法的吻合度有统计学意义，但吻合度一般。

一致性检验：计算 Kappa 系数。Kappa 系数是指吻合度测量系数，用以测量两个观测者或两个观测设备之间的吻合程度，取值为$-1 \sim +1$，取值越大，说明吻合程度越高。该系数利用了列联表的全部信息，包括表格中的数据 a 和 b。Kappa≥0.75，一致性好；$0.4 \leqslant$ Kappa<0.75，一致性一般；Kappa<0.4，一致性较差。

【案例7-3】卡方检验：分别用鼻拭子法、肛拭子法和血清检测法对532名新冠疑似病例进行测定，结果如表7-10所示。请问：3种方法的检测结果有无差别？

表7-10　3种方法的检测结果　　　　　　　　　　　　人

检测方法	阳性	阴性	合计
鼻拭子法	199	7	206
肛拭子法	164	18	182
血清检测法	118	26	144
合计	481	51	532

1. 案例解析

（1）目的：推断多种方法的检测结果有无差别。

（2）要求：掌握多个样本率比较。

（3）$R \times C$ 表 χ^2 检验的基本思想：

检验计算出来的统计量 χ^2 值反映了实际频数与理论频数的吻合程度。如果 χ^2 值很大，即对应的 P 值足够小（$P<\alpha$），则说明实际频数 A 与理论频数 T 基本吻合；反之，则说明实际频数 A 与理论频数 T 相差很大，说明差异具有统计学意义。

$R \times C$ 表说明：

① 多个样本率比较时，有 R 行 2 列，称为 $R \times 2$ 表；

② 两个样本的构成比较时，有 2 行 C 列，称为 $2 \times C$ 表；

③ 多个样本的构成比较，以及双向无序分类资料关联性检验时，称为 $R \times C$ 表。

（4）χ^2 检验基本步骤。

①建立检验假设。

H_0：多个总体的概率相等。

H_1：多个总体的概率不完全相等。

②计算统计量，公式为：

$$\chi^2 = n \left(\sum \frac{A^2}{n_R n_C} - 1 \right)$$
$$\nu = （行数 - 1）（列数 - 1）$$

③P 与小概率值 α（通常可以取 0.1、0.01、0.05）做比较，做出推论。

（5）$R \times C$ 列联表 χ^2 检验的条件。

要求每个格子中的理论频数 T 均大于 5 或 $1<T<5$ 的格子数不超过总格子数的 1/5。当有 $T<1$ 或 $1<T<5$ 的格子较多时，可采用并行并列、删行删列、增大样本含量的办法使其符合行×列表资料卡方检验的应用条件。

总的来说，多个样本率(构成比)之间存在差异，只能认为各总体率之间有差别(即不全相等)，但不能说明彼此之间都有差别，或某两者之间有差别。

2. SPSS 操作过程

(1)定义变量及变量值。单击变量窗口，定义 3 个变量：检测方法变量(鼻拭子法=1、肛拭子法=2、血清检测法=3)为 r、检测结果(阳性=1，阴性=2)为 c、频数变量为 f，如图 7-24 所示。

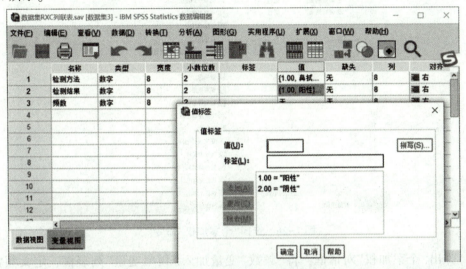

图 7-24　定义变量及变量值

(2)输入原始数据，如图 7-25 所示。

图 7-25　输入原始数据

(3)在菜单栏选择"数据"→"个案加权"命令，如图 7-26 所示。

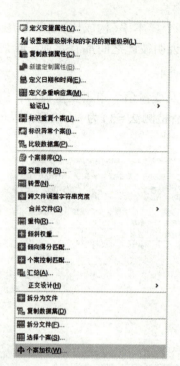

图 7-26　选择"个案加权"命令

（4）弹出"个案加权"对话框，将"频数"变量加入"频率变量"列表框，定义频数为权数，再单击"确定"按钮即可，如图 7-27 所示。

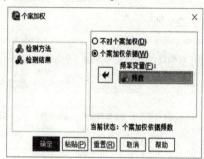

图 7-27　"个案加权"对话框

（5）在菜单栏选择"分析"→"描述统计"→"交叉表"命令，如图 7-28 所示。

图 7-28　选择"交叉表"命令

（6）弹出"交叉表"对话框，单击"统计"按钮，在打开的"交叉表：统计"对话框中勾选"卡方"复选框，如图7-29所示。

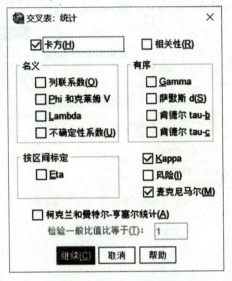

图7-29　"交叉表：统计"对话框

（7）单击"继续"按钮，返回到"交叉表"对话框，单击"单元格"按钮，在打开的"交叉表：单元格显示"对话框的"计数"区域下勾选"实测""期望"复选框；"百分比"区域下勾选"行""列""总计"；"Z-检验"下勾选"比较列比例""调整P值（邦弗伦尼法）"复选框，如图7-30所示。

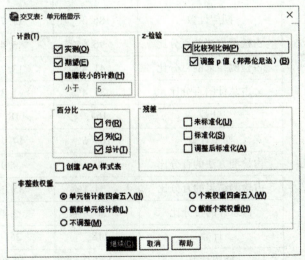

图7-30　"交叉表：单元格显示"对话框

（8）将"检测方法"变量加入"行"列表框中，"检测结果"变量加入"列"列表框中，单击"确定"按钮，如图7-31所示。

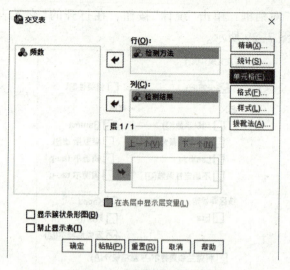

图 7-31 交叉表行列设置

3. 输出结果与解释

输出结果如表7-11、表7-12所示。

表7-11 检测方法＊检测结果交叉表　　　　　　　　　　　　　人

摘要			检测结果		总计
			阳性	阴性	
检测方法	鼻拭子法	计数	199a	7b	206
		期望计数	186.3	19.7	206.0
		占检测方法的百分比	96.6%	3.4%	100.0%
		占检测结果的百分比	41.4%	13.7%	38.7%
		占总计的百分比	37.4%	1.3%	38.7%
	肛拭子法	计数	164a	18a	182
		期望计数	164.6	17.4	182.0
		占检测方法的百分比	90.1%	9.9%	100.0%
		占检测结果的百分比	34.1%	35.3%	34.2%
		占总计的百分比	30.8%	3.4%	34.2%
	血清检测法	计数	118a	26b	144
		期望计数	130.2	13.8	144.0
		占检测方法的百分比	81.9%	18.1%	100.0%
		占检测结果的百分比	24.5%	51.0%	27.1%
		占总计的百分比	22.2%	4.9%	27.1%

续表

摘要		检测结果		总计
		阳性	阴性	
总计	计数	481	51	532
	期望计数	481.0	51.0	532.0
	占检测方法的百分比	90.4%	9.6%	100.0%
	占检测结果的百分比	100.0%	100.0%	100.0%
	占总计的百分比	90.4%	9.6%	100.0%

每个下标字母都指示"检测结果"类别的子集，在 0.05 级别，这些类别的列比例相互之间无显著差异。

表 7-11 表明，系统输出的 3×2 格资料对检测方法和检测结果进行统计描述，包括实际观察数、理论数、行百分数、列百分数。从表中可以直观地了解 3 种不同的检测方法检测为阳性和阴性的频数。

表 7-12　卡方检验

摘要	值	自由度	渐进显著性(双侧)
皮尔逊卡方	21.038[a]	2	0.000
似然比	21.559	2	0.000
线性关联	20.903	1	0.000
有效个案数	532		

a. 0 个单元格(0.0%)的期望计数小于 5，最小期望计数为 13.80。

表 7-12 显示，因没有一个格子的理论数小于 5，最小理论数为 13.8，故采用 Pearson χ^2 值为 21.038，双侧 P 值<0.001，按 $\alpha=0.05$ 的检测水准，差异有统计学意义，可认为 3 种检测方法有差别。若要比较彼此间的差别，需做多重比较。

【案例 7-4】拟合优度检验：某学校对在校师生实施线上教育民意调查，有满意、中立、不满意 3 种答案，我们调查了 60 人，结果为满意的有 28 人，中立的有 22 人，不满意的有 10 人。请问：持这 3 种意见的人数是否有显著不同？

1. 案例解析

(1)目的：检验数据分布差异性。

(2)要求：掌握检验观测值与期望值在频数上的拟合程度(卡方拟合优度检验)。

(3)卡方拟合优度检验的基本思想：对于定类变量及低测度定序变量，其数值大小和顺序并不具有什么意义，传统的均值和方差都不能描述变量特征，在进行统计描述的时候，通常需要借助中位数、频数、百分比以及不同分布情况，实现数据描述；在进行统计推断的时候，需要借助频数来分析数据分布形态，从而发现数据分布差异性的检验。

所谓拟合，就是分析现有观测变量的分布形态，检查其分布，使其能够与某一期望分布(或标准分布)很好地吻合起来。为了评价拟合的程度，人们提出了判定拟合有效性的机制，即拟合优度。拟合优度也借助检验概率的概念来评价数据拟合的质量。这种对于检验观测值与期望值在频数上拟合程度的检验，常被称为卡方拟合优度检验。

2. SPSS 操作过程

（1）定义变量，输入数据，如图 7-32 所示。

图 7-32　输入数据

（2）在菜单栏选择"数据"→"个案加权"命令，弹出"个案加权"对话框，将"频率"变量加入"频率变量"列表框，单击"确定"按钮，如图 7-33 所示。

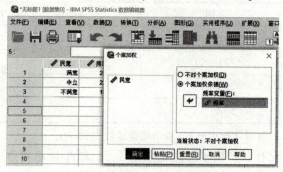

图 7-33　"个案加权"对话框

（3）在菜单栏选择"分析"→"非参数检验"→"旧对话框"→"卡方"命令，如图 7-34 所示。

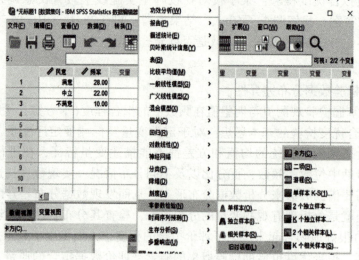

图 7-34　选择"卡方"命令

（4）弹出"卡方检验"对话框，将"频率"变量加入"检验变量列表"列表框，单击"确定"按钮，如图7-35所示。

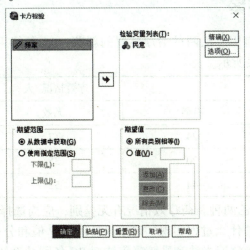

图7-35 "卡方检验"对话框

3. 输出结果与解释

输出结果如表7-13和表7-14所示。

表7-13 线上教育民意的频数分布

民意	实测个案数	期望个案数	残差
满意	28	20.0	8.0
中立	22	20.0	2.0
不满意	10	20.0	−10.0
总计	60		

表7-13表明，在校师生对现实教育民意的观察频数满意的人数为28人，中立的人数为22人，不满意的人数为10人，相应的满意、中立及不满意的期望频数依次为20人、20人、20人，以及观察频数与期望频数的残差值（观察频数−期望频数）依次为8、2及−10。

表7-14 线上教育民意拟合优度检验统计

民意	
卡方	8.400^a
自由度	2
渐近显著性	0.015

a.0个单元格（0.0%）的期望频率低于5，期望的最低单元格频率为20.0。

表7-14表明卡方统计量的值为8.400，自由度为2，$P = 0.015$，小于显著性水平0.05，因此拒绝零假设，表明在校师生对线上教学的民意具有显著性差异。

三、 练习题及答案

1. 沈阳当地市场上有甲、乙两种治疗感冒的新药，96 名使用者分别使用两种不同的新药，其药效情况如下表所示。

感冒药	疗效情况/人		
	有效	无效	合计
甲	24	17	41
乙	20	35	55
合计	44	52	96

（1）如果希望分析甲乙两种新药疗效情况有无差别，应当选择什么分析方法？为什么？

（2）可以用到 SPSS 的什么过程实现？请给出具体的 P 值和分析结论。

2. 某实验室分别用免疫荧光法和乳胶凝集法对 96 名可疑系统性红斑狼疮患者血清中的抗核抗体进行测定，结果如下表所示。这两种方法的检测结果有无差别？

免疫荧光法	乳胶凝集法/人		
	有效	无效	合计
有效	24	17	41
无效	20	35	55
合计	44	52	96

（1）如果希望分析两种方法的检测结果有无差别，应当选择什么分析方法？为什么？

（2）可以用到 SPSS 的什么过程实现？请给出具体的 P 值和分析结论。

3. 某市 3 个地区化工厂碳排放达标率数据如下表所示。该市 3 个地区化工厂碳排放达标率有无差别？

地区	达标情况/人		
	达标	不达标	合计
重污染区	24	17	41
一般市区	20	35	55
农村	15	10	25
合计	59	62	121

（1）如果希望分析 3 个地区化工厂碳排放达标率有无差别，应当选择什么分析方法？为什么？

（2）可以用到 SPSS 的什么过程实现？请给出具体的 P 值和分析结论。

4. 根据消费者对不同矿泉水品牌的偏好做民意调查，随机抽取 190 名消费者进行调研，结果发现，选择品牌 A 的有 90 人、品牌 B 的有 80 人、其他的有 20 人。消费者对不同品牌的矿泉水的偏好是否有显著不同？

参考答案

1. （1）选用独立资料 χ_2 检验。

（2）SPSS 操作演示步骤及结果分析参见案例 7-1 的方法二。

2. （1）选用配对资料的 χ_2 检验。

（2）SPSS 操作演示步骤及结果分析参见案例 7-2。

3. （1）选用 $R \times C$ 表资料的 χ_2 检验。

（2）SPSS 操作演示步骤及结果分析参见案例 7-3。

4. 选用拟合优度检验，SPSS 操作演示步骤及结果分析参见案例 7-4。

模块八 方差分析

一、方差分析知识要点

（一）学习目标

方差分析是指通过对各观察数据误差来源的分析来判断多个总体均值是否相等。本模块的学习目标为掌握单因素方差分析的基本思想，能够结合方法原理解释分析结果的统计意义和实际含义，熟练掌握其数据组织方式和具体操作。明确单因素方差分析中多重比较检验的作用，并且能够读懂其分析结果。掌握多因素方差分析的基本思想，并熟练掌握其数据组织方式和具体操作。

（二）要点解析

1. 方差分析基本思想

方差分析是指从观测变量的方差入手，研究诸多控制变量中哪些对观测变量真正产生了影响，以及控制变量的不同水平及其交互搭配对观测变量是如何影响的。方差分析将观测值变化的原因归为两类：一类是控制变量，另一类是随机变量。随机变量指的是很难控制的因素，主要指实验过程的抽样误差。判断控制变量的不同水平对观测变量产生明显波动的原则是，若控制变量各水平的观测变量总体分布出现了显著差异，则认为观测变量发生了明显波动。方差分析正是通过推断控制变量各水平下观测变量的总体分布是否有显著差异来实现其分析目标的。

方差分析对观测变量各总体的分布有以下两个基本假设：观测变量各总体应服从正态分布；观测变量各总体的方差应相同。基于这两个假设，方差分析对各总体分布是否有显著差异的推断就转化成对各总体均值是否存在显著差异的推断了。

2. 方差分析原理

方差分析有很多类型，各类型的基本原理相似，此处以单因素方差分析为例简要介绍，分析过程分为平方和与自由度的分解、F 检验。

1）平方和与自由度的分解

总平方和反映了全部观测值的总变异情况，是各观测值与总均值的离差平方和，记为 SST。它有两个基本来源：一是随机误差，是由测量造成的差异，称为组内差异，用各组变量的均值与组内变量值之间的离差平方和表示，记为 SSE；二是控制变量，即不同处理造成的差异，称为组间差异，用各组变量的均值与总均值的离差平方和表示，记为 SSA。SSE 与 SSA 之和就是 SST。

2）F 检验

组内 SSE 和组间 SSA 除以各自的自由度，分别得到组内均方 MSE 和组间均方 MSA。F 检验的计算公式为

$$F = \frac{\text{MSA}}{\text{MSE}} = \frac{\text{SSA}/(k-1)}{\text{SSE}/(n-k)}$$

式中，n 为总样本量，k 为组数，$k-1$ 和 $n-k$ 分别为 SSA 和 SSE 的自由度。对于总的离差平方和，若组间离差平方和所占比例较大，即 F 值显著大于 1，则说明观测变量的变动主要是由于控制变量的不同水平引起的。若组间离差平方和所占比例较小，即 F 值接近于 1，则说明观测变量的变动主要是由随机变量变动引起的。

方差分析中，给定显著性水平 α，与检验统计量的概率 P 值做比较。如果概率 P 值小于显著性水平 α，则应拒绝原假设，认为控制变量的不同水平对观测变量均值产生了显著影响；反之，如果概率 P 值大于显著性水平 α，则不应拒绝原假设，认为控制变量的不同水平对观测变量均值没有产生显著影响。

二、方差分析 SPSS 实践

（一）单因素方差分析

1. 单因素方差分析的基本步骤

第一步，提出原假设 H_0，控制变量不同水平下观测变量各总体均值无显著差异。

第二步，选择检验统计量，如前所述采用 F 统计量。

第三步，计算检验统计量的观测值和概率 P 值，可由 SPSS 计算得到。

第四步，给定显著性水平 α，做出决策。

2. 案例

某农场试验站用 20 块试验田，5 个不同品种的种子和 4 种施肥方案搭配起来进行试验，表 8-1 为试验数据，5 个品种（x_1）用 1、2、3、4、5 表示，4 个施肥方案（x_2）用 1、2、3、4 表示，分别分析品种、施肥方案因素是否对农作物收获量产生显著影响。

表 8-1　品种、施肥方案和收获量实验数据

品种	收获量			
	施肥方案 1	施肥方案 2	施肥方案 3	施肥方案 4
1	12	9.5	10.4	9.7
2	13.7	11.5	12.4	9.6
3	14.3	12.3	11.4	11.1
4	14.2	14	12.5	12
5	13	14	13.1	11.4

以收获量为观测变量，品种、施肥方案为控制变量，运用单因素方差分析方法分别对品种、施肥方案对农作物收获量的影响进行分析。

两个单因素方差分析的原假设 H_0 分别为不同品种对农作物收获量平均值没有产生显著影响；不同施肥方案对农作物收获量平均值没有产生显著影响。

1）SPSS 单因素方差分析基本操作步骤

（1）将表 8-1 的数据录入 SPSS 软件，控制变量为品种、施肥方案，观测变量为收获量，录入 SPSS 的变量名称为"x1""x2""x3"，或直接打开已下载的"data8-1.sav"文件。

（2）在菜单栏选择"分析"→"比较平均值"→"单因素 ANOVA 检验"命令，如图 8-1 所示。

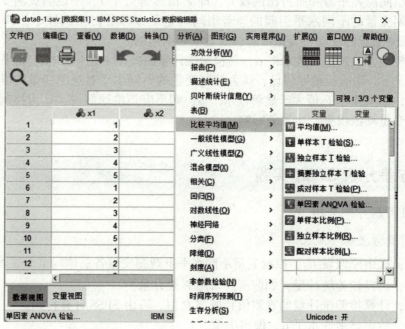

图 8-1 选择"单因素 ANOVA 检验"命令

（3）弹出"单因素 ANOVA 检验"对话框，如图 8-2 所示。

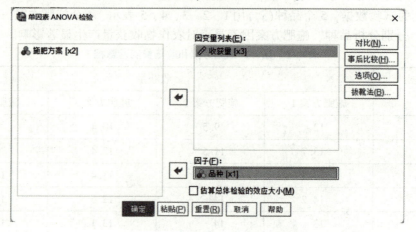

图 8-2 "单因素 ANOVA 检验"对话框

（4）把观测变量 x_3 加入"因变量列表"列表框，把控制变量品种 x_1 加入"因子"列表框，然后单击"确定"按钮，输出结果如表 8-2 所示。

表 8-2　品种对农作物收获量影响的单因素方差分析输出结果

项目	平方和	自由度	均方	F	显著性
组间	19.067	4	4.767	2.741	0.068
组内	26.083	15	1.739		
总计	45.150	19			

从表 8-2 中可以看到，观测变量"收获量"的离差平方总和为 45.150。如果仅考虑品种单个因素的影响，则收获量总变差（即离差平方和）中，不同品种可解释的变差为 19.067，抽样误差引起的变差为 26.083，它们的方差分别为 4.767 和 1.739，两者相除所得的 F 统计量的观测值为 2.741，对应的概率 P 值为 0.067。如果显著性水平 α 为 0.1，由于概率 P 值小于显著性水平 α，故应拒绝原假设，认为不同品种对农作物收获量的平均值产生了显著影响，不同品种对农作物收获量的影响效应不全为 0。

重复上述操作过程，图 8-2 中把施肥方案 x_2 加入"因子"列表框，其他不变，然后单击"确定"按钮，输出结果如表 8-3 所示。

表 8-3　施肥方案对农作物收获量影响的单因素方差分析输出结果

项目	平方和	自由度	均方	F	显著性
组间	18.182	3	6.061	3.596	0.037
组内	26.968	16	1.686		
总计	45.150	19			

从表 8-3 中可以看到，观测变量"收获量"的离差平方总和为 45.150。如果仅考虑施肥方案单个因素的影响，则收获量总变差中，不同施肥方案可解释的变差为 18.182，抽样误差引起的变差为 26.968，它们的方差分别为 6.061 和 1.686，两者相除所得的 F 统计量的观测值为 3.596，对应的概率 P 值为 0.037。如果显著性水平 α 为 0.05，由于概率 P 值小于显著性水平 α，故应拒绝原假设，认为不同施肥方案对农作物收获量的平均值产生了显著影响，不同施肥方案对农作物收获量的影响效应不全为 0。

完成以上单因素方差分析的基本分析后，还应进一步完成几个重要分析，包括方差齐性检验、多重比较检验等。方差齐性检验是对控制变量不同水平下各观测变量总体方差是否相等进行分析。多重比较检验利用全部观测变量值，实现对不同水平下观测变量总体均值的逐对比较。由于多重比较检验问题也是假设检验问题，因此也遵循假设检验的基本步骤。

2）SPSS 方差齐性检验基本操作步骤

前面步骤的操作同单因素方差分析相同。然后在图 8-2 所示的"单因素 ANOVA 检验"对话框中，单击"选项"按钮，弹出"单因素 ANOVA 检验：选项"对话框，如图 8-3 所示，勾选"方差齐性检验"复选框进行方差齐性检验，还可以勾选"描述"复选框输出常用描述性统计量，勾选"平均值图"复选框输出各水平下观测变量的折线图，"缺失值"区域保持默认状态即可。单击"继续"按钮，返回到"单因素 ANOVA 检验"对话框，然后单击"确定"按钮，分析结果如表8-4、表8-5和图8-4所示。

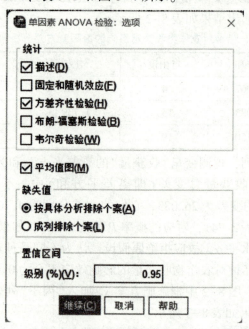

图8-3 "单因素ANOVA检验：选项"对话框

表8-4 不同品种的农作物收获量描述性统计95%置信区间

序号	N	平均值	标准差	标准误差	平均值的95%置信区间		最小值	最大值
					下限	上限		
1	4	10.400	1.1343	0.5672	8.595	12.205	9.5	12.0
2	4	11.800	1.7224	0.8612	9.059	14.541	9.6	13.7
3	4	12.275	1.4431	0.7215	9.979	14.571	11.1	14.3
4	4	13.175	1.0905	0.5452	11.440	14.910	12.0	14.2
5	4	12.875	1.0813	0.5406	11.154	14.596	11.4	14.0
总计	20	12.105	1.5415	0.3447	11.384	12.826	9.5	14.3

表8-5 不同品种的农作物收获量方差齐性检验

项目		莱文统计	自由度1	自由度2	显著性
收获量	基于平均值	0.329	4	15	0.854
	基于中位数	0.313	4	15	0.865
	基于中位数并具有调整后自由度	0.313	4	11.905	0.864
	基于剪除后平均值	0.334	4	15	0.851

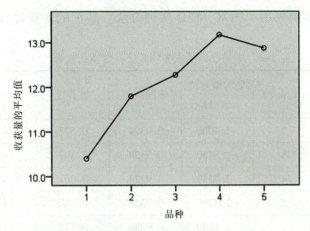

图 8-4　不同品种的农作物收获量折线图

表 8-4 表明 5 个不同品种的 20 个样本，品种 4 平均收获量最高，品种 1 的平均收获量最低。图 8-4 也显示了这个情况。

表 8-5 表明不同品种收获量的方差齐性检验的检验统计量的观测值为 0.329，概率 P 值为 0.854。如果显著性水平为 0.05，由于概率 P 值大于显著性水平，因此不能拒绝原假设，认为不同品种的收获量的总体方差无显著差异，满足方差分析的前提要求。

3）SPSS 多重比较检验基本操作步骤

不同品种对农作物收获量有显著影响，进一步究竟哪个品种对收获量作用更明显，哪个品种不明显，可通过多重比较检验实现。

前面步骤的操作同单因素方差分析相同，然后在图 8-2 所示对话框中单击"事后比较"按钮，弹出"单因素 ANOVA 检验：事后多重比较"对话框，如图 8-5 所示。SPSS 在该功能中提供了 18 种多重比较检验的方法，其中包括各水平方差齐性情况下的方法以及各水平方差非齐性情况下的方法。在方差分析中，由于受其前提所限，多采用假定方差齐性区域的方法。多重比较检验中，SPSS 默认的显著性水平为 0.05，可以根据实际分析需要修改。

图 8-5　"单因素 ANOVA：检验：事后多重比较"对话框

受篇幅限制，本例采用了图基、LSD 两种方法。品种的多重比较检验结果如表 8-6 所示。

表 8-6　不同品种的农作物收获量多重比较检验结果

项目	(I)品种	(J)品种	平均值差值（I-J）	标准误差	显著性	95% 置信区间	
						下限	上限
图基 HSD	1	2	−1.4000	0.9324	0.577	−4.279	1.479
		3	−1.8750	0.9324	0.307	−4.754	1.004
		4	−2.7750	0.9324	0.061	−5.654	0.104
		5	−2.4750	0.9324	0.110	−5.354	0.404
	2	1	1.4000	0.9324	0.577	−1.479	4.279
		3	−0.4750	0.9324	0.985	−3.354	2.404
		4	−1.3750	0.9324	0.593	−4.254	1.504
		5	−1.0750	0.9324	0.777	−3.954	1.804
	3	1	1.8750	0.9324	0.307	−1.004	4.754
		2	0.4750	0.9324	0.985	−2.404	3.354
		4	−0.9000	0.9324	0.866	−3.779	1.979
		5	−0.6000	0.9324	0.965	−3.479	2.279
	4	1	2.7750	0.9324	0.061	−0.104	5.654
		2	1.3750	0.9324	0.593	−1.504	4.254
		3	0.9000	0.9324	0.866	−1.979	3.779
		5	0.3000	0.9324	0.997	−2.579	3.179
	5	1	2.4750	0.9324	0.110	−0.404	5.354
		2	1.0750	0.9324	0.777	−1.804	3.954
		3	0.6000	0.9324	0.965	−2.279	3.479
		4	−0.3000	0.9324	0.997	−3.179	2.579
LSD	1	2	−1.4000	0.9324	0.154	−3.387	0.587
		3	−1.8750	0.9324	0.063	−3.862	0.112
		4	−2.7750*	0.9324	0.009	−4.762	−0.788
		5	−2.4750*	0.9324	0.018	−4.462	−0.488
	2	1	1.4000	0.9324	0.154	−0.587	3.387
		3	−0.4750	0.9324	0.618	−2.462	1.512
		4	−1.3750	0.9324	0.161	−3.362	0.612
		5	−1.0750	0.9324	0.267	−3.062	0.912

续表

项目	(I)品种	(J)品种	平均值差值 (I−J)	标准误差	显著性	95% 置信区间	
						下限	上限
LSD	3	1	1.8750	0.9324	0.063	−0.112	3.862
		2	0.4750	0.9324	0.618	−1.512	2.462
		4	−0.9000	0.9324	0.350	−2.887	1.087
		5	−0.6000	0.9324	0.530	−2.587	1.387
	4	1	2.7750*	0.9324	0.009	0.788	4.762
		2	1.3750	0.9324	0.161	−0.612	3.362
		3	0.9000	0.9324	0.350	−1.087	2.887
		5	0.3000	0.9324	0.752	−1.687	2.287
	5	1	2.4750*	0.9324	0.018	0.488	4.462
		2	1.0750	0.9324	0.267	−0.912	3.062
		3	0.6000	0.9324	0.530	−1.387	2.587
		4	−0.3000	0.9324	0.752	−2.287	1.687

*．平均值差的显著性水平为 0.05。

由于以上分析已经表明变量是方差齐性的，因此参考 LSD 输出的结果。表 8-6 中"*"表明在 0.05 的显著性水平下，相应的两组平均值之间存在显著性差异。因此只有品种 1 与品种 4、品种 5，两两品种之间平均值存在显著差异，其余两两之间对应的收获量平均值均不存在显著差异。

(二)双因素方差分析

1. 双因素方差分析的基本步骤

(1)提出原假设 H_0，各控制变量在不同水平下对观测值均值的影响不显著，各控制变量的相互作用对观测变量的影响不显著。

(2)选择检验统计量，双因素方差分析采用的是 F 统计量，在固定效应模型中，对应 3 个 F 统计量：

$$F_A = \frac{SSA/(k-1)}{SSE/kr(1-1)} = \frac{MSA}{MSE}$$

$$F_B = \frac{SSB/(r-1)}{SSE/kr(1-1)} = \frac{MSB}{MSE}$$

$$F_{AB} = \frac{SSAB/(r-1)(k-1)}{SSE/kr(1-1)} = \frac{MSAB}{MSE}$$

(3)计算检验统计量的观测值和概率 P 值，可由 SPSS 计算得到。

(4)给定显著性水平 α，做出决策。双因素方差分析中，给定显著性水平 α，依次与各检验统计量的 P 值进行比较。

2. 案例

某年全国五省的一项调查显示，企业的担保方式和信用程度对企业获得的贷款金额具有显著影响。此次调查所获得的部分数据如数据集"data8-2. sav"所示。数据集包含担保方式（x_1）、信用等级（x_2）、贷款金额（x_3）3 个变量的 80 个观测。其中，担保方式和信用等级为定类变量。担保方式有 5 个取值：1＝实物抵押担保，2＝质押担保，3＝信用担保，4＝保证担保，5＝业主个人担保。信用等级有两个取值：1＝好，2＝差。分析调查中主要分析"担保方式"和"信用等级"两个变量对变量"贷款金额"（万元）的影响是否显著。如果显著，再分析各个因素不同水平大对其影响是否显著。

本例以担保方式和信用等级为控制变量，贷款金额为观测变量。原假设为不同担保方式没有对贷款金额产生显著影响；不同信用等级没有对贷款金额产生显著影响；担保方式和信用等级没有对贷款金额产生显著的交互影响。

1）SPSS 双因素方差分析基本操作步骤

（1）打开数据集"data8-2. sav"，在菜单栏选择"分析"→"一般线性模型"→"单变量"命令，如图 8-6 所示。

（2）弹出"单变量"对话框，如图 8-7 所示，将贷款金额 x_3 加入"因变量"列表框，将担保方式 x_1 和信用等级 x_2 加到"固定因子"列表框。

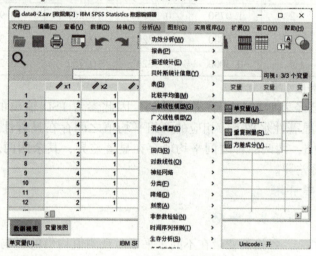

图 8-6　打开"因变量"命令

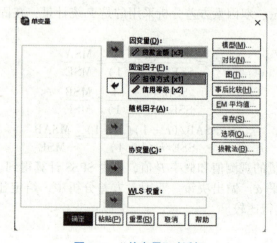

图 8-7　"单变量"对话框

（3）单击"模型"按钮，弹出"单变量：模型"对话框，如图8-8所示。在"指定模型"区域默认为"全因子"，即为全模型分析，该分析包括所有自变量的主效应和因素与因素之间的交互效应。而"定制"（或"设定"，因SPSS版本而异）为自定义模型分析，选择后激活"因子与协变量""构建项""模型"等设置内容。本例选用"全因子"。单击"继续"按钮返回到"单变量"对话框。

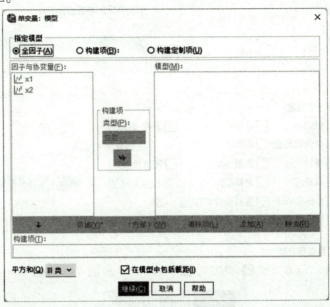

图8-8 "单变量：模型"对话框

（4）单击"选项"按钮，弹出"单变量：选项"对话框，如图8-9所示。在"显示"区域下勾选"齐性检验"复选框，进行方差齐性检验。单击"继续"按钮返回到"单变量"对话框。

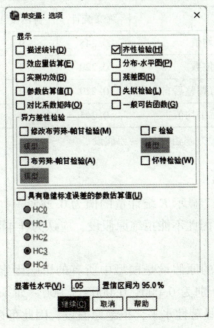

图8-9 "单变量：选项"对话框

（5）单击"事后比较"按钮，弹出"单变量：实测平均值的事后多重比较"对话框，如图8-10所示。把"x1""x2"加入"下列各项的事后检验"列表框，在"假定等方差"区域下勾选"LSD"复选框。依次单击"继续""确定"按钮，输出结果如表8-7～表8-9所示。

图8-10 "单变量：实测平均值的事后多重比较"对话框

表8-7 误差方差的莱文等同性检验[a,b]

	项目	莱文统计	自由度1	自由度2	显著性
贷款金额	基于平均值	0.245	9	70	0.986
	基于中位数	0.229	9	70	0.989
	基于中位数并具有调整后自由度	0.229	9	69.236	0.989
	基于剪除后平均值	0.245	9	70	0.986

检验"各个组中的因变量误差方差相等"这一原假设。

a. 因变量：贷款金额。

b. 设计：截距+x_1+x_2+$x_1 * x_2$。

方差齐性检验中，表8-7显示 F 统计量的值为0.245，对应的概率 P 值为0.986，大于给定的显著性水平0.05，因此不能拒绝原假设，应认为样本数据的方差是相同的，满足方差分析的前提条件。

表8-8表明，方差检验的原假设是模型中所有的影响因素均无作用。表8-8中检验 F_{x_1}，F_{x_2}，$F_{x_1 * x_2}$ 概率值 P 分别为0.000，0.000，1.000。如果显著性水平为0.05，F_{x_1}，F_{x_2}，$F_{x_1 * x_2}$ 的概率值 P 小于显著性水平，拒绝原假设，因此可以认为不同担保方式、信用等级下的贷款金额存在显著差异。同时，由于 $F_{x_1 * x_2}$ 概率 P 值大于显著性水平，因此不

应拒绝原假设，可认为担保方式和信用等级没有对贷款金额产生显著的交互作用。

表8-8　主体间效应检验

源	Ⅲ类平方和	自由度	均方	F	显著性
修正模型	4 560 586.362[a]	9	506 731.818	59.474	0.000
截距	20 929 557.013	1	20 929 557.013	2 456.440	0.000
x_1	396 513.675	4	99 128.419	11.634	0.000
x_2	4 163 737.513	1	4 163 737.513	488.686	0.000
$x_1 * x_2$	335.175	4	83.794	0.010	1.000
误差	596 419.625	70	8 520.280		
总计	26 086 563.000	80			
修正后总计	5 157 005.987	79			

a. 判定系数 $R^2 = 0.884$（调整后 $R^2 = 0.869$）。

表8-9 给出了不同担保方式之间贷款金额水平的多重比较结果。表中 * 表示在显著性水平 0.05 下相应两组均值之间存在显著性差异。

表8-9　多重比较

（I）担保方式	（J）担保方式	平均值差值（I-J）	标准误差	显著性	95%置信区间 下限	上限
实物抵押担保	质押担保	49.31	32.635	0.135	-15.78	114.40
	信用担保	100.25*	32.635	0.003	35.16	165.34
	保证担保	151.44*	32.635	0.000	86.35	216.53
	业主个人担保	197.81*	32.635	0.000	132.72	262.90
质押担保	实物抵押担保	-49.31	32.635	0.135	-114.40	15.78
	信用担保	50.94	32.635	0.123	-14.15	116.03
	保证担保	102.12*	32.635	0.003	37.04	167.21
	业主个人担保	148.50*	32.635	0.000	83.41	213.59
信用担保	实物抵押担保	-100.25*	32.635	0.003	-165.34	-35.16
	质押担保	-50.94	32.635	0.123	-116.03	14.15
	保证担保	51.19	32.635	0.121	-13.90	116.28
	业主个人担保	97.56*	32.635	0.004	32.47	162.65
保证担保	实物抵押担保	-151.44*	32.635	0.000	-216.53	-86.35
	质押担保	-102.12*	32.635	0.003	-167.21	-37.04
	信用担保	-51.19	32.635	0.121	-116.28	13.90
	业主个人担保	46.38	32.635	0.160	-18.71	111.46

续表

（I） 担保方式	（J） 担保方式	平均值差值 （I-J）	标准误差	显著性	95%置信区间	
					下限	上限
业主个人担保	实物抵押担保	−197.81*	32.635	0.000	−262.90	−132.72
	质押担保	−148.50*	32.635	0.000	−213.59	−83.41
	信用担保	−97.56*	32.635	0.004	−162.65	−32.47
	保证担保	−46.38	32.635	0.160	−111.46	18.71

基于实测平均值。

误差项是均方（误差）= 8 520.280。

＊．平均值差值的显著性水平为 0.05。

三、练习题及答案

（一）单项选择题

1. 在方差分析中，（   ）反映的是样本数据与其组平均值的差异。

A. 总离差   B. 组间误差

C. 抽样误差   D. 组内误差

2. SSE 是（   ）。

A. 组内平方和

B. 组间平方和

C. 总离差平方和

D. 因素 B 的离差平方和

3. SST 是（   ）。

A. 组内平方和

B. 组间平方和

C. 总离差平方和

D. 总方差

4. SSA 是（   ）。

A. 组内平方和

B. 组间平方和

C. 总离差平方和

D. 总方差

5. 单因素方差分析中，计算 F 统计量，其分子与分母的自由度各为（   ）。

A. k，n

B. $k-n$，$n-k$

C. $k-1$，$n-k$

D. $n-k$，$k-1$

（二）多项选择题

1. 应用方差分析的前提条件是（   ）。

A. 各个总体服从正态分布

B. 各个总体均值相等

C. 各个总体具有相同的方差

D. 各个总体均值不等

E. 各个总体相互独立

2. 若检验统计量 F 近似等于 1，说明（   ）。

A. 组间方差中不包含系统因素的影响

B. 组内方差中不包含系统因素的影响

C. 组间方差中包含系统因素的影响

D. 方差分析中应拒绝原假设

E 方差分析中应接受原假设

3. 对于单因素方差分析的组内误差，下面哪种说法是正确的？（　　　）

A. 其自由度为 $k-1$ 　　　　　　B. 反映的是随机因素的影响

C. 反映的是随机因素和系统因素的影响　　D. 组内误差一定小于组间误差

E. 其自由度为 $n-k$

4. 为研究溶液温度对液体植物的影响，将水温控制在 3 个水平上，则称这种方差分析是（　　　）。

A. 单因素方差分析　　　　　　B. 双因素方差分析

C. 三因素方差分析　　　　　　D. 单因素三水平方差分析

E. 双因素三水平方差分析

（三）填空题

1. 方差分析的目的是检验因变量 y 与自变量 x 是否_____，而实现这个目的的手段是通过_____的比较。

2. 总变差平方和、组间变差平方和、组内变差平方和三者之间的关系是_____。

3. 方差分析中的因变量是_____，自变量可以是_____，也可以是_____。

4. 方差分析是通过对组间均值变异的分析研究判断多个_____是否相等的一种统计方法。

5. 在试验设计中，把要考虑的可以控制的条件称为_____，把因素变化的多个等级状态称为_____。

6. 在单因素方差分析中，计算 F 统计量的分子是_____方差，分母是_____方差。

7. 在单因素方差分析中，分子的自由度是_____，分母的自由度是_____。

（四）简答题

1. 什么是方差分析？

2. 简述方差分析的基本思想。

3. 方差分析中有哪些基本假定？

4. 简述方差分析的基本步骤。

5. 方差分析中多重比较的作用是什么？

（五）计算题

1. 有 3 台机器生产规格相同的铝合金薄板，为检验 3 台机器生产薄板的厚度（mm）是否相同，随机从每台机器生产的薄板中各抽取 5 个样品，测得结果如下。

机器 1：0.236，0.238，0.248，0.245，0.243

机器 2：0.257，0.253，0.255，0.254，0.261

机器 3：0.258，0.264，0.259，0.267，0.262

请问：3 台机器生产薄板的厚度是否有显著差异？

2. 养鸡场要检验 4 种饲料配方对小鸡增重是否相同，用每一种饲料分别喂养了 6 只同一品种同时孵出的小鸡，共饲养了 8 周，每只鸡增重（g）数据如下。

配方 1：370，420，450，490，500，450

配方 2：490，380，400，390，500，410

配方 3：330，340，400，380，470，360

配方4：410，480，400，420，380，410

请问：4种不同配方的饲料对小鸡增重效果是否相同？

3. 今有某种型号的电池3批，它们分别为一厂、二厂、三厂3个工厂所生产的。为评比其质量，各随机抽取5只电池为样品，经试验测得其寿命(h)如下。

一厂：40，48，38，42，45

二厂：26，34，30，28，32

三厂：39，40，43，50，50

试在显著性水平下检验电池的平均寿命有无显著的差异。

4. 一个年级有3个小班，他们进行了一次数学考试。现从各个班级随机抽取部分学生，记录其成绩如下。

1班：73，89，82，43，80，73，66，60，45，93，36，77

2班：88，78，48，91，51，85，74，56，77，31，78，62，76，96，80

3班：68，79，56，91，71，71，87，41，59，68，53，79，15

若各班学生成绩服从正态分布，且方差相等，试在显著性水平下检验各班级的平均分数有无显著差异。

参考答案

(一)单项选择题

1. D   2. A   3. C   4. B   5. C

(二)多项选择题

1. ACE   2. ABD   3. BE   4. AD

(三)填空题

1. 独立、方差

2. 总变差平方和=组间变差平方和+组内变差平方和

3. 数量型变量，品质型变量，数量型变量

4. 正态总体均值

5. 因子，水平或处理。

6. 组间，组内

7. $k-1$，$n-k$。

(四)简答题

略

(五)计算题

1. 根据计算结果列出方差分析表，如下表所示：

方差来源	离差平方和	自由度	均方差	F
组间	0.001 053	2	0.000 526 61	32.92
组内	0.000 192	12	0.000 16	
总和	0.001 245	14		

因为 $F_{0.05}(2，12)=3.89<32.92$，故拒绝，认为各台机器生产的薄板厚度有显著差异。

2. 根据计算结果列出方差分析表，如下表所示：

方差来源	离差平方和	自由度	均方差	F
组间	14 245.83	3	4 748.61	2.16
组内	43 950	20	2 197.5	
总和	58 195.83	23		

因为 $F_{0.05}(3，20)=3.10>2.16$，故接受，即 4 种配方的饲料对小鸡的增重没有显著的差异。

3. 有显著差异。

4. 无显著差异。

模块九 相关与回归分析

一、相关与回归分析知识要点

（一）学习目标

相关与回归分析是分析现象之间相互依存关系的方法之一。学习本模块的目的在于掌握相关与回归分析的基本理论和方法，以便在实际工作中能对具有相关关系的社会经济现象进行有效分析，为管理决策服务。因此，首先要了解相关分析与回归分析的概念、特点和相关分析与回归分析的区别与联系，进而掌握相关分析的定性和定量分析方法，在此基础上进一步掌握回归模型的拟合方法、对回归方程拟合精度的测定和评价方法。

（二）要点解析

1. 变量间的关系

变量间的关系可分为两种类型，即函数关系和相关关系。

函数关系是指现象之间存在的确定性的数量依存关系。变量间的函数关系是一一对应的确定性的关系。

相关关系也称统计关系，是指现象之间客观存在的非确定性的数量依存关系。

相关关系分类，从表现形态上可分为线性相关、非线性相关、完全相关和不相关。在线性相关中，按相关的方向，相关关系可分为正相关和负相关两种。

相关系数是根据样本数据计算的度量两个变量之间线性关系强度的统计量。相关系数取值在 −1 与 1 之间，其绝对值越接近于 1，表明两个变量间相关程度越大；相关系数为 0，表明两变量间不存在线性相关关系。

2. 回归分析

回归分析是在相关分析的基础上将相关现象的关系转变为函数关系，并建立变量关系数学表达式，来研究变量之间数量变动关系的分析方法。相关分析是回归分析的基础，回归分析是相关分析的延续。

回归方程是描述因变量的期望值如何依赖于自变量的方程。

判定系数是样本回归直线对数据拟合程度的综合度量。判定系数取值在 0 与 1 之间，其取值越大表明回归方程拟合程度越好。

二、相关与回归分析 SPSS 实践

(一)相关分析

1. 绘制散点图

在绘制散点图之前，应先将数据按一定方式组织起来。对每个变量应设置相应的 SPSS 变量。然后利用 SPSS 绘制散点图进行初步分析。

SPSS 绘制散点图基本操作步骤：在菜单栏选择"图形"→"旧对话框"→"散点图／点图"命令，打开"散点图／点图"对话框→单击"简单散点图"→"定义"按钮，在"简单散点图"对话框中，把一个变量放入"Y 轴"列表框，另一个变量放入"X 轴"列表框，单击"确定"按钮，即得到散点图。散点图类型有多种，可根据分析需要进行选择。

2. 计算相关系数

在用散点图分析变量间是否存在相关关系后，应计算相关系数以确定变量相关强调的大小。

SPSS 集散相关系数的基本操作步骤：在菜单栏选择"分析"→"相关"→"双变量"命令，如图 9-1 所示，打开"双变量相关"对话框，选择计算相关系数的变量到"变量"列表框中，在"相关系数"列表框中选择一个系数，其中，较常用的是 Pearson 相关系数。同时可进行显著性检验，具体操作见后文案例。

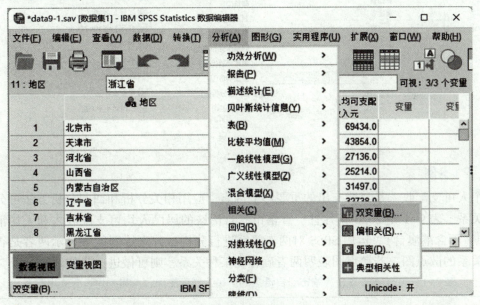

图 9-1　选择"双变量"命令

因相关分析是回归分析必做的前期分析，在相关分析基础上再进行回归分析，在实践中只做相关分析不做回归分析的情形较少出现，故将相关分析与回归分析放到同一个案例中介绍。

（二）回归分析

在相关分析后，如果明确了变量间存在相关关系，研究者继续分析变量间是否可能存在因果关系。如果认为变量间存在因果关系即可确定自变量和因变量，进行回归分析。

回归分析步骤：确定解释变量和被解释变量→确定回归模型→建立回归方程→对回归方程进行检验→利用回归方程进行预测。

SPSS 回归分析基本操作步骤：在菜单栏选择"分析"→"回归"，弹出下级菜单，有多种回归分析功能供我们选择，可根据需要选择合适的操作，如在线性回归中可选择"线性"命令，进行二元 Logistic 回归时选择"二元 Logistics"命令，如图 9-2 所示。

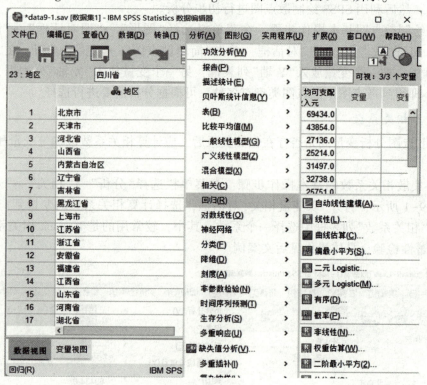

图 9-2 选择"回归"命令

（三）案例

个人可支配收入是消费支出的重要影响因素，应用相关分析和回归分析方法可分析两者的关系。表 9-1 是 2020 年各省、直辖市、自治区的居民人均可支配收入和人均消费支出数据（不含港澳台）。运用 SPSS 对两者关系进行分析，首先绘制能够显示两者是否存在相关关系的散点图，若散点图表明两者确存在某种关系，则可做进一步的回归分析。

表 9-1　2020 年各省、直辖市、自治区的居民人均可支配收入和人均消费支出数据

地区	居民人均消费支出/元	居民人均可支配收入/元	地区	居民人均消费支出/元	居民人均可支配收入/元
北京市	38 903	69 434	河北省	18 037	27 136
天津市	28 461	43 854	山西省	15 733	25 214

续表

地区	居民人均消费支出/元	居民人均可支配收入/元	地区	居民人均消费支出/元	居民人均可支配收入/元
内蒙古自治区	19 794	31 497	广东省	28 492	41 029
辽宁省	20 672	32 738	广西壮族自治区	16 357	24 562
吉林省	17 318	25 751	海南省	18 972	27 904
黑龙江省	17 056	24 902	重庆市	21 678	30 824
上海市	42 536	72 232	四川省	19 783	26 522
江苏省	26 225	43 390	贵州省	14 874	21 795
浙江省	31 295	52 397	云南省	16 792	23 295
安徽省	18 877	28 103	西藏自治区	13 225	21 744
福建省	25 126	37 202	陕西省	17 418	26 226
江西省	17 955	28 017	甘肃省	16 175	20 335
山东省	20 940	32 886	青海省	18 284	24 037
河南省	16 143	24 810	宁夏回族自治区	17 506	25 735
湖北省	19 246	27 881	新疆维吾尔自治区	16 512	23 845
湖南省	20 998	29 380			

数据来源：国家统计局。

1. 绘制散点图

（1）用 SPSS 打开"模块 9 案例数据"文件，在菜单栏选择"图形"→"旧对话框"→"散点图/点图"命令，如图 9-3 所示。

图 9-3　选择"散点图/点图"命令

（2）弹出"散点图/点图"对话框，如图9-4所示。

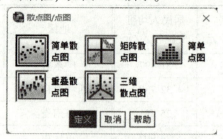

图9-4　"散点图/点图"对话框

（3）单击"简单散点图"→"定义"按钮，弹出"简单散点图"对话框，如图9-5所示。

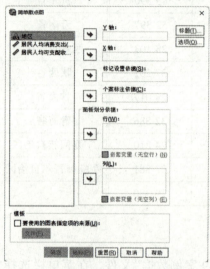

图9-5　"简单散点图"对话框

（4）将"居民人均消费支出（元）"变量放入"Y轴"列表框，"居民人均可支配收入（元）"变量放入"X轴"列表框，单击"确定"按钮，得到如图9-6所示散点图。图中散点近似一条向右上方倾斜的直线，表明居民人均消费支出与居民人均可支配收入线性相关，可进行线性回归分析。

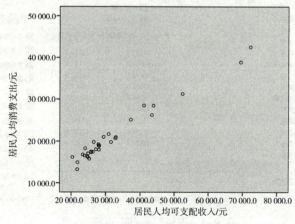

图9-6　居民人均消费支出与居民人均可支配收入散点图

2. 线性回归分析

(1)在菜单栏选择"分析"→"回归"→"线性"命令，弹出"线性回归"对话框，如图 9-7 所示。

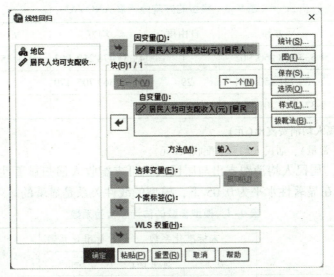

图 9-7　"线性回归"对话框

(2)将"居民人均消费支出(元)"变量放入"因变量"列表框，"居民人均可支配收入(元)"变量放入"自变量"列表框，然后单击"统计"按钮，弹出"线性回归：统计"对话框，如图 9-8 所示。可根据需要选择，也可以保持默认选项，然后依次单击"继续"→"确定"按钮，得到分析结果，如表 9-2 ~ 表 9-4 所示。

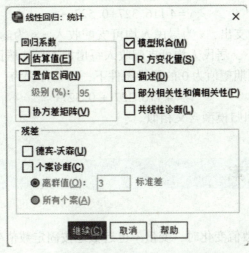

图 9-8　"线性回归：统计"对话框

表 9-2　模型的主要统计量模型摘要

模型	R	R^2	调整后的 R^2	标准估算的错误
1	0.985[a]	0.971	0.970	1 170. 344 0

a. 预测变量：(常量)，居民人均可支配收入(元)。

表 9-2 显示，居民人均可支配收入与居民人均消费支出的相关关系 $R=0.985$，表明两者高等线性相关，与散点图分析结论一致。模型的判定系数 R^2 达到 0.97，说明模型拟合程度较高。

表 9-3　模型的方差分析表 ANOVA[a]

模型		平方和	自由度	均方	F	显著性
1	回归	1 333 478 250.903	1	1 333 478 250.903	973.551	0.000[b]
	残差	39 721 450.194	29	1 369 705.179		
	总计	1 373 199 701.097	30			

a. 因变量：居民人均消费支出(元)。

b. 预测变量：(常量)，居民人均可支配收入(元)。

表 9-3 显示，居民人均消费支出与居民人均可支配收入回归显著性检验的 P 值(最后一列)接近于 0，在显著性水平为 0.05 下，模型的线性关系是显著的。

表 9-4　模型参数的估计和检验系数[a]

模型		未标准化系数		标准化系数	t	显著性
		B	标准错误	Beta		
1	(常量)	4 116.327	580.875		7.086	0.000
	居民人均可支配收入/元	0.527	0.017	0.985	31.202	0.000

a. 因变量：居民人均消费支出(元)。

表 9-4 给出了模型相关参数估计和检验的结果。B 为回归系数，显著性水平均小于 0.05。在显著性水平为 0.05 下，回归系数是显著的。得到回归模型：

$$y = 4\ 116.327 + 0.527x + \varepsilon$$

式中，y 为居民人均消费支出，x 为居民人均可支配收入，ε 为随机误差项。该模型含义：在其他因素不变的条件下，居民人均可支配收入每增加 1 元，居民人均消费支出平均增加 0.527 元。在随机误差项期望值为 0 的假设条件下，回归方程为

$$\hat{y} = 4\ 116.327 + 0.527x$$

回归方程的含义与回归模型含义相似。

三、练习题及答案

(一)单项选择题

1. 当变量 x 按一定数值变化时，变量 y 也近似地按固定数值变化，这表明变量 x 和变量 y 之间存在(　　)。

A. 完全相关关系　　　　　　　　　B. 复相关关系

C. 直线相关关系　　　　　　　　　D. 没有相关关系

2. 单位产品成本与其产量的相关，单位产品成本与单位产品原材料消耗量的相关(　　)。

A. 前者是正相关，后者是负相关　　B. 前者是负相关，后者是正相关

C. 两者都是正相关　　　　　　　　D. 两者都是负相关

3. 相关系数 r 的取值范围为(　　)。

A. $-\infty < r < +\infty$　　　　　　B. $-1 \le r \le +1$

C. $-1 < r < +1$　　　　　　　　　D. $0 \le r \le +1$

4. 当所有观测值都落在回归直线 $y = a + bx$ 上，则 x 与 y 之间的相关系数(　　)。

A. $r = 0$　　　　　　　　　　　　B. $r = 1$

C. $r = -1$　　　　　　　　　　　 D. $|r| = 1$

5. 相关分析与回归分析，在是否需要确定自变量和因变量的问题上，(　　)。

A. 前者无须确定，后者需要确定　　B. 前者需要确定，后者无须确定

C. 两者都无须确定　　　　　　　　D. 两者均需确定

6. 一元线性回归模型的参数有(　　)。

A. 一个　　　　　　　　　　　　　B. 两个

C. 三个　　　　　　　　　　　　　D. 三个以上

7. 直线相关系数的绝对值接近于 1 时，说明两变量相关关系的密切程度是(　　)。

A. 完全相关　　　　　　　　　　　B. 微弱相关

C. 无线性相关　　　　　　　　　　D. 高度相关

8. 某企业年生产总值 x(千元)和工人工资 y(元)之间的回归方程为 $y = 10 + 70x$。这意味着年生产总值每提高 1 千元，工人工资平均(　　)。

A. 增加 70 元　　　　　　　　　　B. 减少 70 元

C. 增加 80 元　　　　　　　　　　D. 减少 80 元

9. 下面的式子中，错误的是(　　)。

A. $y = 40 + 1.6x$　　$r = 0.89$　　B. $y = -5 - 3.8x$　　$r = -0.94$

C. $y = 36 - 2.4x$　　$r = 0.96$　　D. $y = -36 + 3.8x$　　$r = 0.98$

10. 下列关系中，属于正相关关系的有(　　)。

A. 合理限度内，施肥量和平均单产量之间的关系

B. 产品产量与单位产品成本之间的关系

C. 商品的流通费用与销售利润之间的关系

D. 流通费用率与商品销售量之间的关系

11. 直线相关分析与直线回归分析的联系表现为(　　)。

A. 相关分析是回归分析的基础　　　B. 回归分析是相关分析的基础

C. 相关分析是回归分析的深入　　　D. 相关分析与回归分析互为条件

12. 欲以图形显示两变量 x 和 y 的关系，最好创建(　　)。

A. 直方图　　　　　　　　　　　　B. 圆形图

C. 柱形图　　　　　　　　　　　　D. 散点图

13. 在相关分析中，对两个变量的要求是(　　)。

A. 都是随机变量　　　　　　　　　B. 都不是随机变量

C. 其中一个是随机变量，一个是常数　D. 都是常数

14. 按其涉及变量多少，相关关系的种类可分为(　　)。

A. 正相关和负相关　　　　　　　　B. 单相关和复相关

C. 线性相关和非线性相关　　　　　D. 不相关、不完全相关、完全相关

15. 当变量 x 按一定数量变化时，变量 y 随之近似地以固定的数量发生变化，这说明 x 与 y 之间存在(　　)。

A. 正相关关系　　　　　　　　B. 负相关关系

C. 直线相关关系　　　　　　　D. 曲线相关关系

16. 评价直线相关关系的密切程度，当 r 介于 $0.5 \sim 0.8$ 时，表示(　　)。

A. 无相关　　　　　　　　　　B. 低度相关

C. 中等相关　　　　　　　　　D. 高度相关

17. 两变量的线性相关系数为 0，表明两变量之间(　　)。

A. 完全相关　　　　　　　　　B. 无关系

C. 不完全相关　　　　　　　　D. 不存在线性相关

18. 相关分析和回归分析相辅相成，又各有特点，下面描述中正确的有(　　)。

A. 在相关分析中，相关的两变量都不是随机的

B. 在回归分析中，自变量是随机的，因变量不是随机的

C. 在回归分析中，因变量和自变量都是随机的

D. 在相关分析中，相关的两变量都是随机的

19. 产量 x(千件)与单位成本 y(元)之间的回归方程为 $y=77-3x$，这表示产量每提高 1 000 件，单位成本平均(　　)。

A. 增加 3 元　　　　　　　　　B. 减少 3 000 元

C. 增加 3 000 元　　　　　　　D. 减少 3 元

20. 两变量 x 和 y 的相关系数为 0.8，则其回归直线的判定系数为(　　)。

A. 0.50　　　　　　　　　　　B. 0.80

C. 0.64　　　　　　　　　　　D. 0.90

(二)判断题

1. 相关关系和函数关系都属于完全确定性的依存关系。　　　　　　　　(　　)

2. 如果两个变量的变动方向一致，同时呈上升或下降趋势，则两者是正相关关系。　　　　　　　　(　　)

3. 假定变量 x 与 y 的相关系数是 0.8，变量 m 与 n 的相关系数为 -0.9，则 x 与 y 的相关密切程度高。　　　　　　　　(　　)

4. 当直线相关系数 $r=0$ 时，说明变量之间不存在任何相关关系。　　(　　)

5. 相关系数 r 有正负、大小之分，因而它反映的是两现象之间具体的数量变动关系。　　　　　　　　(　　)

6. 在进行相关分析和回归分析时，必须以定性分析为前提，判断现象之间有无关系及其作用范围。　　　　　　　　(　　)

7. 回归系数 b 的符号与相关系数 r 的符号，可以相同也可以不同。　(　　)

8. 在直线回归分析中，两个变量是对等的，不需要区分因变量和自变量。(　　)

9. 相关系数 r 越大，则估计标准误差 S_y 值越大，从而直线回归方程的精确性越低。　　　　　　　　(　　)

10. 进行相关与回归分析应注意对相关系数和回归直线方程的有效性进行检验。　　　　　　　　(　　)

11. 居民收入和居民消费额之间通常存在正相关关系。 （　　）

12. 相关关系即函数关系。 （　　）

13. 在任何相关条件下，都可以用相关系数说明变量之间相关的密切程度。 （　　）

14. 如果变量之间的关系近似地表现为一条直线，则称为线性相关。 （　　）

15. 如果两个变量的观测点很分散，无任何规律，则表示变量之间没有相关关系。

（　　）

（三）简答题

1. 许多现象在数量上存在的相互关联、相互制约关系的类型有哪几种？

2. 什么是函数关系？什么是相关关系？

3. 相关系数的特点是什么？

4. 什么是拟合优度？最常用的拟合优度的评价方法有哪些？

5. 回归分析的区间估计有哪几种类型？

（四）案例分析题

1. 某地人均收入（x）与人均消费（y）连续 8 年的统计资料如下表：

年份	2012	2013	2014	2015	2016	2017	2018	2019
人均收入 x/万元	4.4	5.7	6.5	7.6	8.6	8.7	8.9	9.2
人均消费 y/万元	3	3.5	4.9	5.1	6.6	6.7	7.2	7.6

在其他条件不变的情况下，用统计软件建立人均收入（x）与人均消费（y）的线性回归方程，结果如下表所示。根据表中信息回答问题：

（1）人均收入（x）与人均消费（y）之间的相关系数和回归方程的判定系数分别是多少？

（2）建立人均收入（x）与人均消费（y）线性回归方程，回归是否显著？

模型摘要

模型	R	R^2	调整后的 R^2	标准估算的错误
1	0.978[a]	0.956	0.949	0.3884

a. 预测变量：（常量），人均收入（万元）。

ANOVA

模型	平方和	自由度	均方	F	显著性
回归	19.770	1	19.770	131.070	0.000
残差	0.905	6	0.151		
总计	20.675	7			

自变量为人均收入 x（万元）。

系数[a]

模型		非标准化系数		标准系数	t	显著性
		B	标准错误	Beta		
1	（常量）	−1.596	0.641		−2.489	0.047
	人均收入（万元）	0.963	0.084	0.978	11.449	0.000

a. 因变量：人均消费(万元)。

2. 某高校对最近毕业的 MBA 进行了一项调查，得到了 51 名研究生工作第一年年薪（千元）和读 MBA 之前工龄的数据。根据这些数据运用 SPSS 软件建立年薪 y 与工龄 x 之间的线性回归方程，得到下表。请根据表内数据回答问题：

(1)年薪与工龄之间的相关系数是多少？判定系数是多少？

(2)建立年薪 y 与工龄 x 的回归方程，分析回归是否显著。

模型摘要

模型	R	R^2	调整后的 R^2	标准估算的错误
1	0.703[a]	0.494	0.484	5.401 9

a. 预测变量：(常量)，工龄。

ANOVA[a]

模型		平方和	自由度	均方	F	显著性
1	回归	1395.959	1	1395.959	47.838	0.000[b]
	残差	1429.868	49	29.181		
	总计	2825.827	50			

a. 因变量：年薪。

b. 预测变量：(常量)，工龄。

系数[a]

模型		非标准化系数		标准系数	t	显著性
		B	标准错误	Beta		
1	(常量)	40.507	1.257		32.219	0.000
	工龄	1.470	0.213	0.703	6.916	0.000

a. 因变量：年薪。

3. 从某一行业中随机抽取 12 家企业，所得的产量与生产费用数据如下表：

企业编号	产量/台	生产费用/万元	企业编号	产量/台	生产费用/万元
1	40	130	7	84	165
2	42	150	8	100	170
3	50	155	9	116	167
4	55	140	10	125	180
5	65	150	11	130	175
6	78	154	12	140	185

用统计软件 SPSS 回归分析结果如下：

模型摘要

模型	R	R^2	调整后的 R^2	标准估算的错误
1	0.920[a]	0.847	0.832	6.762

a. 预测变量：(常量)，产量(台)。

ANOVAᵃ

模型		平方和	自由度	均方	F	显著性
1	回归	2 527.710	1	2 527.710	55.286	0.000ᵇ
	残差	457.206	10	45.721		
	总计	2 984.917	11			

a. 因变量：生产费用(万元)。

b. 预测变量：(常量)，产量(台)。

系数ᵃ

模型		非标准化系数		标准系数	t	显著性
		B	标准错误	Beta		
1	(常量)	124.150	5.212		23.820	0.000
	产量(台)	0.421	0.057	0.920	7.435	0.000

a. 因变量：生产费用(万元)。

根据所给资料，完成以下分析。

(1)生产费用(y)与产量(x)之间的相关系数是多少？解释其含义。

(2)建立生产费用(y)与产量(x)的线性回归方程。

(3)说明此回归方程拟合程度如何。

(4)此方程回归是否显著？

4. 某种产品的产量与单位成本的资料见下表：

产量/千件	单位成本/(元·件⁻¹)
2	73
3	72
4	71
3	73
4	69
5	68

统计软件对数据线性回归结果如下：

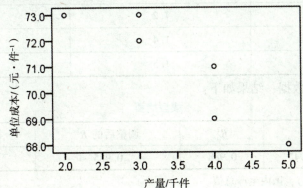

模型摘要

模型	R	R^2	调整后的 R^2	标准估算的错误
1	0.909ᵃ	0.826	0.783	0.9770

a. 预测变量：（常量），产量(千件)。

ANOVAᵃ

模型		平方和	自由度	均方	F	显著性
1	回归	18.182	1	18.182	19.048	0.012ᵇ
	残差	3.818	4	0.955		
	总计	22.000	5			

a. 因变量：单位成本(元/件)。

b. 预测变量：（常量），产量(千件)。

系数ᵃ

模型		非标准化系数		标准系数	t	显著性
		B	标准错误	Beta		
1	（常量）	77.364	1.512		51.178	0.000
	产量/千件	−1.818	0.417	−0.909	−4.364	0.012

a. 因变量：单位成本(元/件)。

根据所给资料做以下分析。

(1)根据散点图说明单位成本(y)与产量(x)之间是何种关系。

(2)单位成本(y)与产量(x)之间的相关系数是多少？解释其含义。

(3)建立单位成本(y)与产量(x)的线性回归方程。

(4)说明该回归方程拟合程度如何。

(5)方程回归是否显著？

5. 几个地区的统计资料如下(万亿元)：

国内生产总值	财政收入	银行年末存款余额
2.2	0.8	0.2
2.4	0.9	0.4
2.5	1	0.5
2.7	1.2	0.7
2.9	1.4	0.6
3	1.5	0.8

用统计软件分析数据，结果如下：

模型摘要

模型	R	R^2	调整后的 R^2	标准估算的错误
1	0.994ᵃ	0.988	0.985	0.0340

a. 预测变量：（常量），国内生产总值。

ANOVA[a]

模型		平方和	自由度	均方	F	显著性
1	回归	0.389	1	0.389	336.082	0.000[b]
	残差	0.005	4	0.001		
	总计	0.393	5			

a. 因变量：财政收入。

b. 预测变量：（常量），国内生产总值。

系数[a]

模型		非标准化系数		标准系数	t	显著性
		B	标准错误	Beta		
1	（常量）	−1.251	0.131		−9.563	0.001
	国内生产总值	0.911	0.050	0.994	18.333	0.000

a. 因变量：财政收入。

根据所给资料做以下分析。

(1)计算国内生产总值与财政收入的相关系数，并加以解释。

(2)建立国内生产总值与财政收入的直线回归方程。

(3)说明该回归方程拟合程度如何。

(4)方程回归是否显著？

参考答案

（一）单项选择题

1. C   2. B   3. B   4. D   5. A   6. D   7. D   8. A

9. C   10. A   11. A   12. D   13. A   14. B   15. C   16. C

17. D   18. D   19. D   20. C

（二）判断题

1. ×   2. √   3. ×   4. ×   5. ×   6. √   7. ×   8. ×

9. ×   10. √   11. √   12. ×   13. ×   14. √   15. √

（三）简答题

略

（四）案例分析题

1. （1）相关系数 $r = 0.978$；

判定系数 $R_2 = 0.956$。

（2）人均收入 x 与人均消费 y 的回归方程为 $\hat{y} = 0.963x - 1.596$；

回归方程显著性 P 值为 $0.000 < 0.05$，达到显著水平；

人均收入的回归系数显著性检验的 t 统计量观测值为 11.449，概率 P 值近似为零。当显著性水平 a 为 0.05 时，系数是显著的。

2. （1）相关系数 $r = 0.703$；

判定系数 $R_2 = 0.494$。

（2）年薪 y 与工龄 x 的回归方程为 $\hat{y} = 40.507 + 1.470x$；

回归方程显著性 P 值为 $0.000 < 0.05$，达到显著水平；

工龄的回归系数显著性检验的 t 统计量观测值为 6.916，概率 P 值近似为零。当显著性水平 a 为 0.05 时，系数是显著的。

3. （1）相关系数 $r = 0.920$，耐用生产费用（y）与产量（x）高度正相关。

（2）生产费用（y）与产量（x）的线性回归方程：$\hat{y} = 124.15 + 0.421x$。

（3）判定系数 $R_2 = 0.847$。

（4）回归方程显著性 P 值为 $0.000 < 0.05$，达到显著水平。

产量的回归系数显著性检验的 t 统计量观测值为 7.435，概率 P 值近似为零。当显著性水平 a 为 0.05 时，系数是显著的。

4. （1）散点图中各观测点近似一条向右下方倾斜的直线，表明单位成本（y）与产量（x）之间是线性负相关关系。

（2）单位成本（y）与产量（x）之间的相关系数是 -0.909，说明两者高度负相关。

（3）单位成本（y）与产量（x）的线性回归方程：$\hat{y} = 77.364 - 1.818x$。

（4）判定系数 $R_2 = 0.826$。

（5）回归方程显著性 P 值为 $0.012 < 0.05$，达到显著水平。

产量的回归系数显著性检验的 t 统计量观测值为 -4.364，概率 P 值为 0.012。当显著性水平 a 为 0.05 时，系数是显著的。

5. (1) 相关系数 $r=0.994$，国内生产总值与财政收入高度正相关。

(2) 国内生产总值与财政收入的线性回归方程：$\hat{y}=0.911x-1.251$。

(3) 判定系数 $R_2=0.988$。

(4) 回归方程显著性 P 值为 $0.000<0.05$，达到显著水平。

国内生产总值的回归系数显著性检验的 t 统计量观测值为 18.333，概率 P 值近似为零。当显著性水平 a 为 0.05 时，系数是显著的。

参 考 文 献

[1] 向蓉美，王青华，马丹. 统计学学习指导及能力提升训练[M]. 北京：机械工业出版社，2017.

[2] 冯力. 统计学实验[M]. 4版. 大连：东北财经大学出版社，2018.

[3] 简明. 市场调查方法与技术[M]. 北京：中国人民大学出版社，2018.

[4] 叶向，李亚平. 统计数据分析基础教程[M]. 北京：中国人民大学出版社，2019.

[5] 薛薇. 统计分析与SPSS的应用[M]. 4版. 北京：中国人民大学出版社，2015.

[6] 贾俊平，何晓群，金勇进. 统计学[M]. 7版. 北京：中国人民大学出版社，2018.

[7] 李合龙，李妍，郑雪仪. SPSS统计学实验教程[M]. 北京：清华大学出版社，2015.

[8] 李静秋，于学文，马会. 应用统计学[M]. 北京：北京理工大学出版社，2019.